JN438937

중국문화 • 18

中國民間美術

민간미술

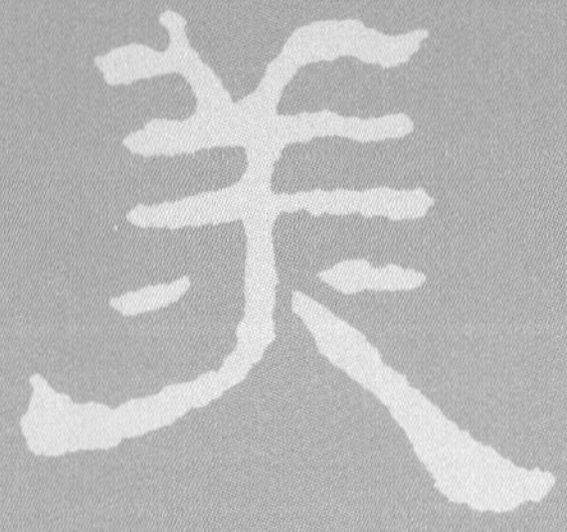

민간미술

진즈린 지음
이영미 옮김

차례

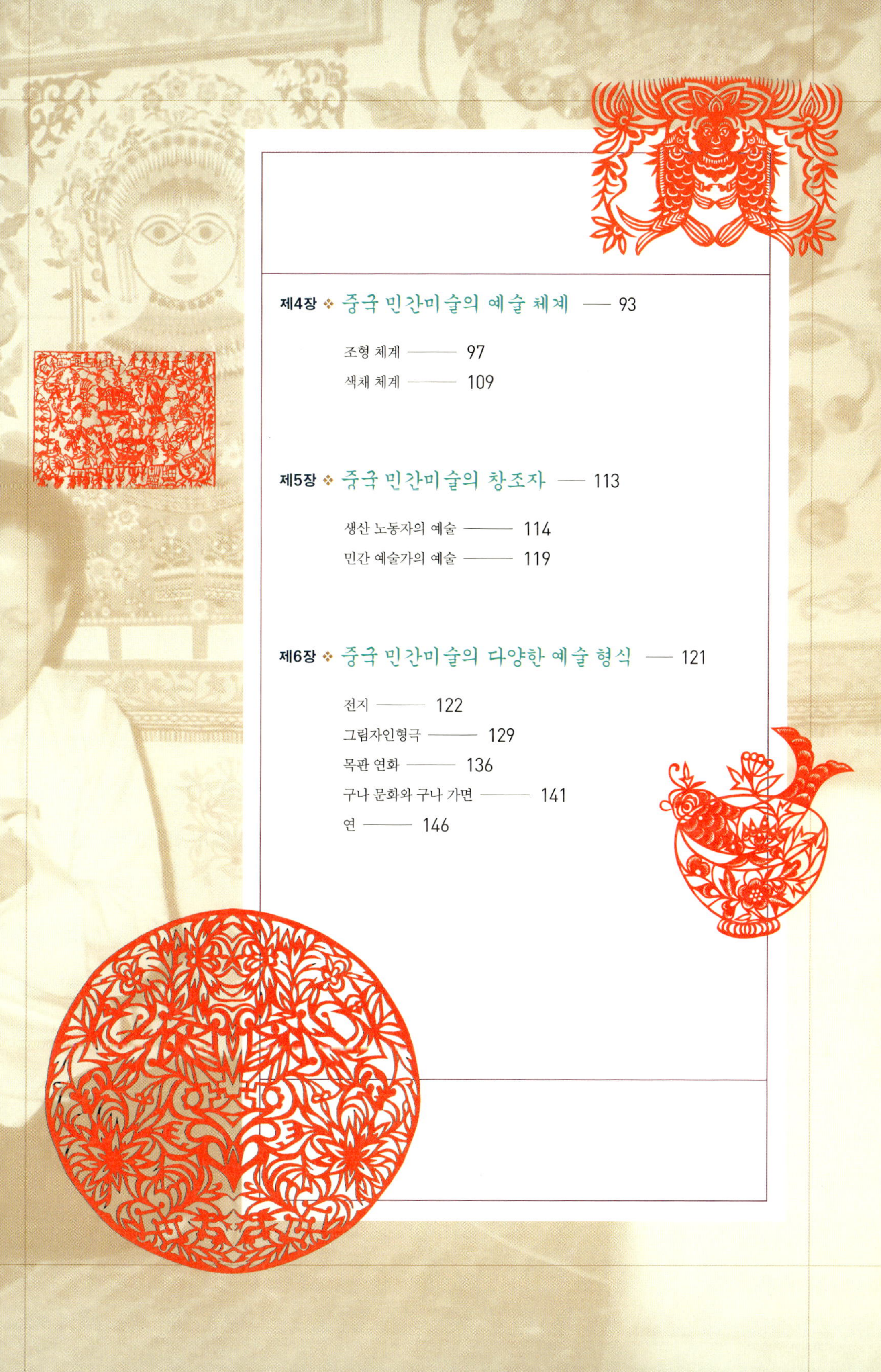

서문

중국 민간미술

-본원 문화와 문화 기호의 계승

1970년대 초, 필자는 중국의 민간 예술을 좀 더 심도 있게 연구하기 위해 오랫동안 재직했던 고등미술학원(高等美術學院)과 예술학원(藝術學院)을 그만두고 황하(黃河) 중상류의 연안(延安)으로 거처를 옮겼다. 황토고원(黃土高原) 위에 자리잡은 이 도시는 불편한 교통으로 문화가 외부와 단절되어 중국의 풍부한 본원 문화가 잘 보존되고 있었다. 필자는 13년 동안 군중예술관(群衆藝術館)과 문화관리위원회(文化管理委員會)에 재직하면서 민간 예술, 풍속, 문화의 현지 고찰과 고고학의 조사, 발굴, 연구에 참여하였고 중국 민간 문화와 고고학, 역사 문헌을 결합, 상호 검증하는 방식으로 중국 본원 문화와 철학을 심층 연구하였다. 그 후 필자는 장강(長江), 요하(遼河), 주강(珠江) 유역으로 들어가 신강(新疆)에서 산동(山東)과 대만(臺灣), 흑룡강(黑龍江)에서 해남도(海南島)까지 전국을 돌아다니며 현지 문화를 조사하였다. 1990년대 이후에는 인도, 파키스탄, 서아시아, 터키, 이집트, 유럽, 미국 등지로 진출하여 민간 문화, 고고학, 역사 문화의 현지 조사를 실시하였고 인류 문화를 배경으로 한 중국 민간미술, 본원 문화, 본원 철학에 대한 연구를 통하여 인류 공통의 문화 의식과 독특한 민족 본원 문화와 철학을 연구하였다.

섬서 농촌의 전구곡(轉九曲)* 현장에서 등붕(燈棚)을 설치하고 있다. 등붕은 통천(通天)의 3중 두공(枓栱)으로 이루어지며 오행팔괘 회전등은 생생불식을 풍자한다(왼쪽에서 첫 번째가 필자).

황하 중상류 황토고원의 두메산골에 흔한 전지(剪紙)[1], 자수(刺繡), 면화(面花)[2] 등의 민간 예술 작품에는 그들의 수호신을 볼 수 있다. 수호신에는 거북이, 뱀, 물고기, 개구리 등의 전신이 짐승인 전수형(全兽型), 거북이 몸에 사람 얼굴을 한 귀신인면(龜身人面), 뱀 몸에 사람 얼굴을 한 사신인면(蛇身人面), 물고기 몸에 사람 얼굴을 한 어신인면(魚身人面) 등의 반인반수형(半人半獸型) 그리고 사물을 감정과 의지가 있는 인간으로 간주한 전인형(全人型)의 조계인형(抓髻娃娃)[3] 등이 있다. 이런 민간 예술 작품에는 모계 사회에서 부계 사회까지 이어지는 토템 문화의 3단계 발전과정이 잘 축적되어 있어 고대 토템 문화와 부락(部落) 문화를 느껴볼 수 있다. 황하 중상류인 섬서(陝西) 서안(西安)의 반파(半坡) 유적지에서 출토된 6000년 전 앙소(仰韶) 문화 채도(彩陶)[4]의 쌍어인면(雙魚人面)[5] 도안과 도분(陶盆)[6]의 어망(渔网) 기호는 지금도 이곳 농촌에서 흔히 볼 수 있다. 즉 이런 초자연적인 상징은 생명의 신, 번식의 신, 생명 기호로서 아직도 대중의 생활 속에 살아 있다. 또한 황하 중상류 청해(青海)에서 출토된 5000년 전 마가요(馬家窯) 문화의 채도분(彩

* **轉九曲**: 전구곡은 섬북 지역에서 널리 유행하던 종교적 색채가 강한 민속 예술 활동으로 사람들이 액막이와 풍년을 기원하였다. 음력 정월 보름 하루 전이나 하루 후에 실시하는데 361개의 수숫대로 꼬불꼬불한 길을 만든 후 수숫대마다 등을 매달아 노래를 부르면서 도는 행사이다.

陶盆)에는 손을 잡고 춤추는 다섯 개의 인형(舞蹈娃娃) 도안이 있는데 이는 '혼을 부르고 액을 막는(招魂辟邪)' 생명의 신 오도인형(五道娃娃)[7]을 묘사한 것으로 아직도 농촌 문화 속에 살아 있다. 지하에서 출토된 문물이 스스로 말할 수는 없겠지만 황토고원 동굴집에 사는 할머니들은 5000~6000년 전의 이런 문화 기호를 아직도 사용하고 있기 때문에 그 뜻을 해석할 수 있다.

황하 유역의 문화 고찰을 끝낸 필자는 다시 장강 유역으로 들어갔다. 강서(江西)성 파양호(鄱陽湖)와 호남(湖南)성 동정호(洞庭湖) 사이에 있는 평향(萍鄉)이라는 마을에서 필자는 '5리(里)*미다 역귀를 쫓는 나신(儺神) 하나, 10리마다 장군 하나'라는 구나(驅儺)** 문화와 소뿔이 있는 우각인면(牛角人面) 가면을 쓴 반고(盤古)*** '개산(開山)'을 보았는데 여기에서 고대 부락의 토템 무속 문화를 느낄 수 있었다. 문헌에 따르면 예전에 이 일대는 구리 머리에 소뿔이 있는 동두우각(銅頭牛角) 가면을 쓴 우두인수(牛頭人身)**** 치우(蚩尤)***** 를 숭배하는 삼묘(三苗) 구여(九黎) 부락의 중심 지역이었다. 이것은 이 일대에서 출토된 상대(商代) 청동우각 구나 가면(儺面)과 가면 도범(陶范)[8]을 통해 증명할 수 있다. 장강 중상류 귀주(貴州)의 산간 지역에 사는 묘족 부락에도 우각인면 가면을 주신으로 하는 개산 구나 문화가 유행하고 있다. 소 토템의 묘족은 우두인면의 신 치우(반고의 '개산')가 그들의 선조이고 호남, 강서성 일대가 그들의 본적지라고 생각했다. 왜냐하면 귀주의 묘족 부락에는 고난신묘(古儺神廟)가 없고 우각 청동 가면과 가면 도범도 출토되지 않았기 때문이다. 이는 치우가 염황(炎黃) 부락과의 대규모 전투에서 패한 후 호남, 강서성 지역에서 이곳으로 이전해 왔다는 전설을 증명한다.

중국의 민간미술처럼 살아 있는 민속 문화는 중국 본원 문화를

* 里: 옛날 주민을 통제하는 행정적 조직의 단위

** 驅儺: 역귀를 쫓는 의식

*** 盤古: 천지개벽 후 처음으로 세상에 나왔다는 전설상의 천자

**** 牛頭人身: 머리는 소, 몸은 사람

***** 蚩尤: 중국과 한국 등에서 전쟁의 신으로 일컫는 전설적 인물

연구하는 화석이라고 할 수 있다. 중국의 역사 문화를 연구할 때 고고학자들은 주로 문물과 문화 유적을 발굴하여 고찰하지만 역사학자들은 문헌의 내용을 연구한다. 하지만 고고 문물은 말을 하지 못하고 문헌과 전설은 그 진위를 확인할 수 없으니 문물도 없고 역사적 문헌도 없는 문화 현상은 공백으로 남겨둘 수밖에 없다. 세계 4대 문명국 중 하나인 중국은 유구한 역사와 다양한 민족, 광활한 국토 등 독특한 지리적 조건이 있기 때문에 민간 예술, 풍속, 문화 분야에서도 고대의 풍부한 문화 유물이 잘 보존되어 있다. 특히 중화 문명의 시조인 일부 원시 부락 집단의 씨족 문화 발상지는 한때 찬란한 문화를 꽃피웠지만 후에 천재와 인재로 인해 생태 환경이 심각하게 파괴되면서 교통과 문화가 외부와 단절되었다. 때문에 이 지역 민간미술 작품에는 다양한 중국 본원 문화와 본원 철학의 표현 형식이 완벽하게 보존되어 있다. 지하에서 출토된 문물은 말을 하지 못하지만 땅 위에 살아있는 문물은 그들을 대신하여 놀라운 해석을 내놓는다. 따라서 춘추 전국 시대 제자백가 철학의 근본인 중국 본원 철학의 체계는 민간 문화의 철학적 기초와 주체적 의미로서 대중의 생활과 민간미술 작품 속에 완벽하게 축적되어 있다.

삼성타랍(三星打拉)의 농민 장봉상(張鳳祥)이 대옥저룡(大玉猪龍)[9]의 출토 지점에서 필자에게 발견과정을 설명하고 있다.

중국 민간미술은 농촌 여성이 중심인 노동자 집단이 창조한 민간 문화 예술이자 집단 문화 예술이며 중화 민족 문화 예술의 모체다. 민간미술은 민족의 의식주, 명절 풍속, 관혼상제, 신앙 금기 속에 녹아 있다. 민간미술은 중국 본원 문화의 계

승자이며 민족적 지역적 특징이 뚜렷하다. 민간미술은 중화 민족의 문화 중 역사가 가장 오래되고 가장 대중적이며 지역적 특성이 가장 뚜렷하고 역사 문화적 의미가 가장 풍부한 문화 형태 중 하나다. 민간미술의 문화적 의미와 예술적 형태는 중화 민족의 7000~8000년 역사, 문화에 잘 축적되어 있다. 그 가치는 미술 작품으로서의 예술적 가치를 훨씬 초월하여 철학, 미학, 예술학, 고고학, 역사학, 민족학, 사회학, 인류문화학 등 다양한 학문의 심오하고 풍부한 문화적 가치를 내포하고 있다. 민족의 문화적 각도에서 볼 때 중국 민간미술은 민족 전체의 철학적 관념, 문화적 의식, 감정적 기질, 심리적 소질 등도 잘 보여 준다.

홍산(紅山) 문화의 대옥저룡

생명과 번식은 우주 만물의 본능이다. 생명 의식과 번식 의식은 인류의 기본적인 문화 의식으로 여기에서 '혼돈 → 음양 → 만물 → 생생불식(生生不息)*'의 중국 본원 철학의 우주관이 승화되었다. 이렇게 음양관과 생생관(生生觀)**이 결합한 중국의 본원 철학은 6000~7000년 전 원시 사회에서 탄생하여 중국 본원 문화 우주관의 핵심이 되었다. 인류는 유전자로 결정되고 민족 문화는 민족 문화의 유전자에 의해 계승된다. 즉 본원 문화와 본원 철학의 계승자인 중국 민간미술은 이런 문화적 계승을 구현한 것이다. 이 책에서는 이런 각도에서 중국 민간미술을 소개, 해석하려 한다.

* **生生不息**: 만물은 끊임없이 번식한다.

** **生生觀**: 만물은 끊임없이 생장하고 번식한다는 관점

1| **전지**(剪紙): 종이를 오려 여러 가지 형상이나 모양을 만드는 종이 공예

2| **면화**(面花): 밀가루를 반죽하여 각종 형상이나 모양을 만드는 음식 공예

3| **조계인형**(抓髻娃娃): 머리를 양쪽으로 틀어 올린 인형

4| **채도**(彩陶): 칠무늬 토기

5| **쌍어인면**(雙魚人面): 사람 얼굴의 두 마리 물고기 도안

6| **도분**(陶盆): 윗부분이 벌어지고 밑부분이 좀 좁은 원형의 그릇

7| **오도인형**(五道娃娃): 동서남북중앙 다섯 방향의 신

8| **도범**(陶范): 점토에다 모래나 기타 첨가물을 넣어 다지고 원형을 뜬 후 소성(燒成)하여 굳힌 것이다.

9| **대옥저룡**(大玉猪龍): 중국 최초의 용 조각물

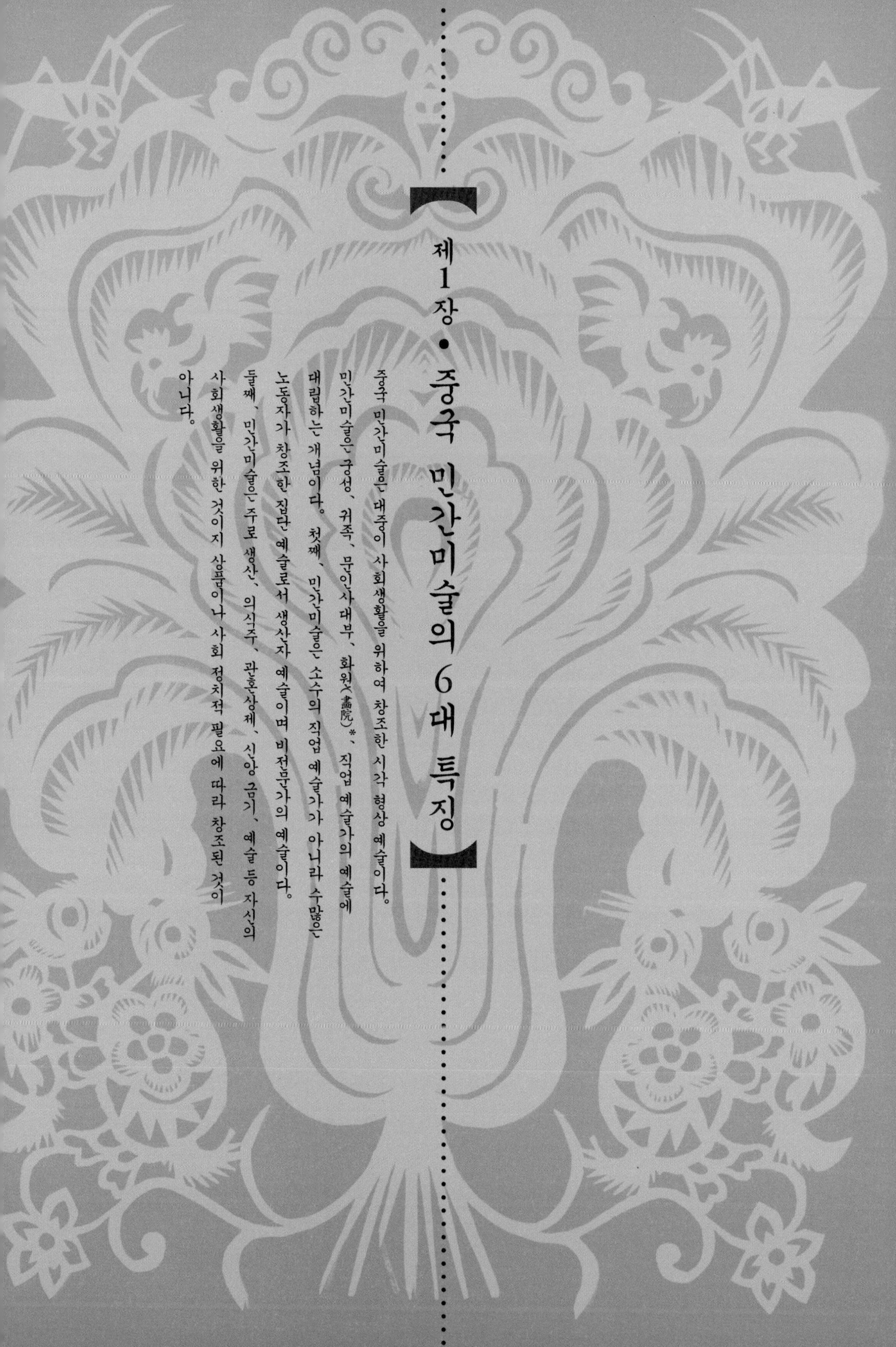

제1장 • 중국 민간미술의 6대 특징

중국 민간미술은 대중이 사회생활을 위하여 창조한 시각 형상 예술이다. 민간미술은 궁성, 귀족, 문인사대부, 화원(畵院)*, 직업 예술가의 예술에 대립하는 개념이다. 첫째, 민간미술은 소수의 직업 예술가가 아니라 수많은 노동자가 창조한 집단 예술로서 생산자 예술이며 비전문가의 예술이다. 둘째, 민간미술은 주로 생산, 의식주, 관혼상제, 신앙 금기, 예술 등 자신의 사회생활을 위한 것이지 상품이나 사회 정치적 필요에 따라 창조된 것이 아니다.

* **畵院**: 중국 궁정의 회화 제작 기관

** **社戱臉譜**: 농촌에서 지신제(地神祭) 때 하던 연극

중화 민족은 원시 시대부터 노동, 주택, 생산에 필요한 도구를 창조하면서 민족 집단 예술을 창조하였다. 계급 사회가 형성된 후 민간 예술에서 직업 예술가가 파생되었고 이로써 중화 민족의 양대 문화 예술 체계인 선사 문화에서 시작한 노동자의 집단 문화 예술과 직업 예술가, 예술 대가들의 개인 문화 예술이 형성되었다. 민족 미술의 주체인 이 두 체계는 지금까지 서로 영향을 주며 발전해 왔다. 민족 문화적 각도로 봤을 때 민간 예술은 비교적 안정적으로 발전하여 각 역사 단계의 집단의식, 감정적 기질, 심리적 특징을 잘 보여주고 있다. 민간 예술에는 강한 생명력이 있어 중화 민족이 소멸하지 않는 한 영원히 존재할 것이다. 중국의 전통 민간미술은 시대에 따라 발전을 거듭했다. 인류 문화의 발전 과정 속에서 새롭게 싹튼 민간미술은 새로운 소재와 예술 형태로 변화했다. 하지만 중화 민족의 문화적 유전자인 본원 문화와 본원 철학의 핵심은 변하지 않는다.

중국 민간미술에는 가장 기본적인 6대 특징이 있다.

1. 민간미술의 창조자는 민간 대중이다.

2. 민간미술은 생산, 의식주, 관혼상제, 명절 풍속, 신앙 금기, 예술 생활 등 자신의 생활을 위해 창조한 예술이다.

3. 민간미술의 문화적 의미와 예술적 형태는 중국의 본원 우주관, 미학관, 감정적 기질, 심리적 자질, 민족정신을 대표하고 중국 본원 문화의 철학 체계, 예술 체계, 조형 체계, 색채 체계를 반영하고 있다. 집단성이 강한 민간미술일수록 중국 본원 문화의 의미와 예술 형태를 잘 반영하고 있다. 예를 들어 집단의 의식주, 민속 사회 활동과 밀접한 관련이 있는 면화, 전지, 복식, 자수, 염직(染織)[1], 구나 가면, 민간 회화(民間繪畵), 연화(年畵)[2], 그림자인형극, 막대인형극, 완구, 연, 지찰(紙扎)[3], 등공예, 사희검보(社戱臉譜)**, 바둑, 도자기, 조각, 건축, 자동차와 선박 장식, 생활 도구 등이다.

4. 민간미술은 중화 민족의 모체 예술 중 하나다. 민간미술은 민족

예술을 계승 발전한 역사적 단계가 잘 반영되었기 때문에 민족 문화 전통의 연속성을 갖고 있다.

5. 민간미술은 민족적, 지역적, 문화적 특징이 선명하다.

6. 민간미술은 농촌 지역의 자연적 특징을 갖고 있다. 즉 민간미술에 사용되는 도구와 재료는 모두 현지에서 쉽게 얻을 수 있는 것이다.

결국 민간미술은 중국의 민족 미술 중 역사가 가장 오래되고 대중적이며 사회생활과 밀접한 관계가 있고 역사 문화적 의미가 풍부하며 지역이 광범위하면서도 지역적 특징이 가장 뚜렷한 대표적 문화 형태다. 민간미술은 자연 숭배, 토템 숭배, 조상 숭배의 원시 문화에서 근현대의 상품 경제 시민 문화까지 중화 민족의 역사와 문화가 잘 축적되어 있다. 심지어 하나의 작품 속에서 다양한 시대의 문화적 의미를 구분할 수 있기 때문에 민간미술은 민족 문화의 살아 있는 화석이며 박물관이라고 말할 수 있다.

하지만 중국 민간미술의 개념 정의에 일부 인식적 오류가 나타나고 있기 때문에 반드시 다음과 같이 지적하고 싶다.

첫째, '예술 창작의 임의성'을 중국 민간미술의 기본적 특징이라고 생각하는데 그렇지 않다. 중국 문인화(文人畵)*에도 임의성이 있고 직업 예술가 중에도 임의적 예술 기법과 기풍을 갖고 있는 사람이 있기 때문에 임의성은 민간미술의 개념적 정의로 볼 수 없다. 게다가 민간미술의 기법은 매우 풍부하다.

둘째, '장식 변형(裝飾變形)'을 중국 민간미술의 기본적 특징으로 생각하는데 그렇지 않다. 민간미술뿐 아니라 직업 예술가 중에도 장식 변형을 사용하는 작가가 있다. 현대 미술에서 장식 변형은 이미 시대적 추세가 되고 있기 때문에 이를 민간미술이라고 부를 수는 없다. 중요한 것은 장식과 변형 자체가 아니라 어떻게 장식하고 어떻게 변형하였나 하는 것에 있다. 중국 민간미술에서 장식 변형은 중국의 본원 철학 체계, 예술 체계, 미학관에 따라 결정되는 예술 형태지만 직

* **文人畵**: 그림을 직업으로 하지 않는 선비나 사대부들이 여흥으로 자신의 심중을 표현하여 그린 그림

업 예술가의 예술은 이와 다르다. 서양 현대 예술의 한 유파인 장식 변형과도 본질적인 차이가 있다.

셋째, 일부 직업 미술가들은 민간미술을 배워 자신의 작품에 민간미술의 예술적 특징을 갖춘 후 자신이 민간미술가라고 생각한다. 이것은 민간미술이 생산자의 미술이며 수많은 노동 생산자가 자신의 생활을 위해 창조한 것이라는 기본적 개념을 잘못 이해한 것이다. 설사 민간미술과 같은 예술적 효과를 얻었다 하더라도 이것은 직업 예술가의 미술이지 민간미술이라고 할 수 없다.

넷째, 민간미술과 민간공예는 서로 다른 개념이며 혼용하여 사용할 수 없다. 민간공예 미술은 민간미술 중 공예성이 가장 강하거나 탁월한 분야다. 민간미술이라고 모두 공예성과 공예품의 가치를 갖고 있는 건 아니다. 하지만 민간공예는 공예성을 갖고 있어야 한다. 민간미술과 민간공예는 포용과 수용의 관계다.

다섯째, 민간미술과 민속미술이다. 민속은 민간미술의 형식이다. 민간미술의 시각은 미술이지만 민속미술의 시각은 민속이다. 민속의 각도에서 볼 때 민간미술도 민속미술로 부를 수 있다.

1| **염직**(染織): 염색

2| **연화**(年畫): 세화

3| **지찰**(紙扎): 장례 때 태우는 종이로 만든 모형

제2장 • 중국 민간미술의 변하지 않는 본질

민속은 중국 민간미술의 형식으로 종류도 다양하고 문화적 의미와 예술 형태도 매우 풍부하다. 하지만 인류의 기본적인 문화 의식과 중국 본원 철학은 변하지 않는다.

생명 번식의 주제

인류는 생존하고 번식한다. 생명과 번식은 인류의 기본적 문화 의식이며 민간미술의 기본적 문화 의미다. 사실 번식은 생명의 끝없는 연속을 의미하기 때문에 역시 생명 의식이라고 할 수 있다.

생존과 번식은 인류의 가장 기본적인 소망을 표현하는 것이다. 사람은 누구나 장수를 원하기 때문에 생존과 장수는 인류의 기본적인 바람이 되었다. 하지만 탄생과 죽음이 거부할 수 없는 자연 규칙이기 때문에 인류는 사후 영생을 희망하는 것이다. 이것이 바로 '살아서는 장수', '죽어서는 영생'이라는 인류의 기본 바람이다. 두 번째는 번식이다. 살아서 영생을 얻는 것이 인류의 소망이지만 현실적으로 불가능하다. 영생을 얻으려면 번식해야 한다. 즉 자손만대 번창을 말하는 것으로서 인류의 번식 사상은 사실 생명 사상과 통한다. 자손의 번식과 물질적 풍요로움이 복(福)이고 오래 사는 것이 수(壽)다. 복과 수는 인류의 가장 기본적인 문화 의식이며 집단 문화 예술로서의 민간미술의 주제다.

'음양이 조화를 이루어 만물을 생성하고 만물은 끊임없이 변화하고 번식한다(陰陽相和, 化生萬物, 萬物生生不息)'라고 하는 중국의 본원 철학은 중국 민간미술의 철학적 기초다. 원시 시대에 탄생한 음양관과 생생관이 하나로 결합한 중국 본원 철학은 인류 생명 사상과 번식 사상의 철학적 승화이다. 즉 음양이 서로 화합하여야 인류 만물이 번식하고 영생을 얻을 수 있는 것이다. 『주역』의 계사전(繫辭傳)에 등장하

좌 민속전지 연리생자(蓮里生子)(감숙(甘肅) 진원(鎭原))

우 민속전지 생명수(生命樹)(섬서(陝西) 안새(安塞))

는 '가까이는 자기 몸에서 취하고, 멀리서는 모든 사물에서 취한다(近取諸身, 遠取諸身)'는 말은 인류 자신과 우주 만물을 관찰하여 얻은 철학적 결론이며 민족 원시 예술과 민간 예술의 기본적 문화 의미다.

계급 사회의 출현 후 물질적, 정신적 부를 소유한 사람들이 생겨나면서 관(官)과 민(民) 등 두 개의 사회 계층이 형성되었다. 물질적, 정신적 부가 점점 상류층에 집중되자 민중들 사이에서는 생존을 위한 녹(官俸)*이라는 개념이 출현하기 시작하였다. 이렇듯 집단의 '복'과 '수'를 문화의 기본 의미로 생각하던 민간 예술이 복, 녹, 수 등 세 가지가 결합한 세속 문화의 민간미술로 발전하였다. 특히 경제, 정치, 문화가 발달한 지역에서는 복, 녹, 수를 주제로 하는 민간미술 작품을 흔히 볼 수 있었다. 하지만 교통과 경제, 문화가 폐쇄된 지역의 민간미술은 복과 수, 즉 생명과 번식이 여전히 주제다. 예를 들어 섬북(陝北) 농촌에는 생명번식 의미를 갖고 있는 연리생자(蓮里生子)라는 전지가 있다. 이 전지는 교통과 경제가 발달한 천진의 대표적인 민간미술가 양류청(楊柳靑)의 목판 연화(木版年畵)에 관리가 되어 녹을 받는다는 의미의 연생귀자(蓮生貴子)와 오자등과(五子登科)로 발전하였다. 농경경제에서 상품 경제로 발전함에 따라 돈의 중요성이 점점 커졌다. 원

* **官俸**: 봉급

시 민간미술 작품인 생명지수(生命之樹)는 요전수(搖錢樹)*와 취보분(聚寶盆)**으로 발전하였다. 현대 사회의 세속 문화가 발전하고 기본적인 생존 조건이 충족됨에 따라 원시 민간미술의 생명과 번식 기호 대신 행복한 생활과 만사형통을 의미하는 기호가 유행하였다. 예를 들어 만사형통을 의미하는 길상여의(吉祥如意)는 미늘창(戟)과 옥여의(玉如意)[1]를 조합하여 생명 의식을 표현한 것이고 사사여의(事事如意)는 두 개의 감(柿)***과 옥여의로 원시 문화 기호인 '생생불식'을 대신한 것이다. 또한 길경유여(吉慶有余)는 미늘창과 다산을 상징하는 물고기로 생생불식의 기호 대신 생활의 부를 추구한 것이고 평화를 의미하는 화평(和平)은 발음이 같은 하(荷)****와 병(甁)을 이용하여 다산의 의미를 해학적으로 표현하였다. 시대가 변함에 따라 하나의 민간미술 작품에서 여러 시대의 역사 문화 흔적을 구분할 수 있게 되었다.

음양관과 생생관은 중국의 생활과 민족 문화에 깊숙이 파고들어 중국 민간미술의 기본적 의미가 되었다. 필자는 중국과 외국의 고고학과 민간 문화를 비교 고찰하던 중 다음 내용을 발견하였다. 중국에서는 문화 고찰 시 반드시 '음양관'과 '생생관'을 응용하지만 서양에서는 '생생관'이면 충분하다. 서양에서는 변증법적 방법론으로 음양의 충돌을 제시하지만 중국에서는 근본적인 우주본체론에서 사용한다.

* **搖錢樹**: 신화 속에 나오는 흔들면 돈이 떨어진다는 나무

** **聚寶盆**: 화수분

*** **柿**: 중국어로 감을 뜻하는 시(柿)는 사(事)와 발음이 같다.

**** **荷**: 연

관물취상 기호

중국 민간미술은 일반적으로 중국 본원 철학에 따라 사물의 모습을 관찰하여 추상적인 상을 추출해내는 '관물취상(觀物取象)*'법을 사용한다.

원시 시대의 인류는 자연과의 투쟁에서 항상 패배하였기 때문에 초인적 능력을 가진 동물을 숭배하였다. 예를 들어 번식 능력이 뛰어난 물고기, 두꺼비, 개구리는 모체와 음성을 상징하는 토템 문화의 기호다. 또한 인간이 정복할 수 없는 뱀, 호랑이, 황소, 멧돼지, 곰, 조류, 나비, 영양은 태양과 양성을 상징하는 토템 문화의 기호다. 수천 년의 세월을 거치면서 이런 기호들은 민간미술의 지역적 특징이 되었다.

고대 북방 초원 민족의 태양 관념을 반영한 사슴 토테미즘 기호는 현재도 북쪽 초원 문화의 민간미술에 사용되고 있고 요하(遼河) 유역의 강산(江山) 문화에 나오는 돼지와 용 토테미즘은 지금도 이 지역 민간미술의 대표적 기호다. 황하 중상류 앙소(仰韶) 문화 중 토지

* **觀物取象**: 사물의 모양을 보고 상을 취하다.

좌 황하 중상류 산서(山西) 양분(襄汾) 도사(陶寺) 문화 유적지에서 출토된 토템 반사무늬 채도분(5000년 전)

중 황하 중상류 민속전지 사반토(섬서 안새)

우 황하 중상류 산서 석루(石樓)에서 만드는 토템 뱀 면화 혼돈(混沌)

좌 6000년 전 앙소 문화 토템 호면골조(虎面骨雕)(섬서 박물관 소장)

중 토템 호랑이 모자, 신발을 신고 베개를 들고 있는 아이(산동(山東) 임기(臨沂))

우 민간의 보호신인 토템 호면괘반(虎面卦盤)(섬서 봉상(鳳翔))

(土地)를 숭배하는 황제(皇帝)[2] 씨족 부락의 거북이, 뱀, 물고기, 개구리 토테미즘과 신기(神祇)* 숭배, 용동(隴東)[3]에서 관중(關中)[4] 평원까지 거주하던 강(羌)**족의 호랑이, 소, 양 토테미즘, 장강 하류 하모도(河姆渡)*** 문화의 월(越)씨 부락의 새 토테미즘, 산동(山東) 대문구(大汶口) 문화와 용산(龍山) 문화의 새 토테미즘, 장강 중류 삼묘구여(三苗九黎)**** 부락의 소 토테미즘 등은 지금도 해당 지역의 민간미술 암호로 사용된다.

중국에서는 동물을 천지, 음양관과 연결하여 하늘에 속하는 동물은 양성 동물로 간주하였다. 즉 하늘과 양을 상징하는 동물과 땅과 음을 상징하는 동물의 결합은 천지상교(天地相交), 음양 화합의 우주 기호다. 중국의 토템 동물과 신기 동물 중 호랑이, 소, 양, 새, 곰, 돼지, 개, 닭은 하늘과 양을 상징하고 용, 뱀, 거북이, 물고기, 개구리는 땅과 물을 상징한다. 용은 머리가 땅에 속하지만 하늘에서 교미하기 때문에 하늘과 땅을 연결하는 동물이다. 용은 원래 땅과 물에 속하지만 나중에 하늘에 올라가 남성 황제의 상징이 되었고 하늘의 봉황은 반대로 여성인 황후의 상징이 되었다. 하늘과 양을 상징하는 신기 동물과 땅과 물을 상징하는 신기 동물의 결합은 '천지', '음양'이라는 철

* **神祇**: 하늘과 땅의 신령을 이르는 말

** **羌**: 고대 중국 사천성 서부에 살던 부족

*** **河姆渡**: 중국 저장성 여도현(餘姚縣) 하모도에 있는 유적

**** **三苗九黎**: 묘적의 기원

6000년 전 앙소 문화 조함어 추수(追逐) 무늬 채도. 섬서 옥계(玉鷄) 북수령(北首嶺) 출토

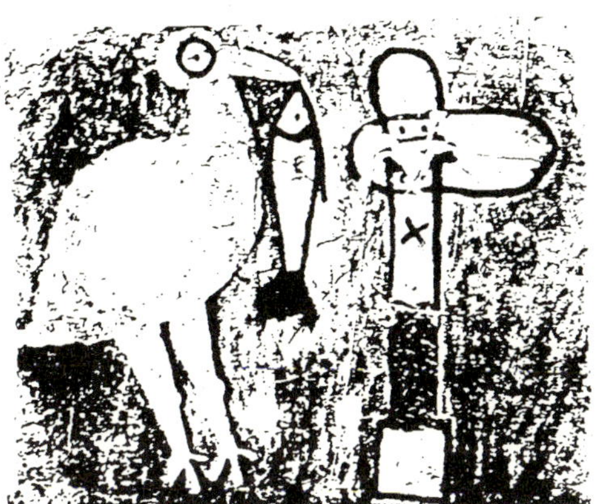

상 하남(河南) 임여(臨汝)에서 출토된 앙소 문화 채도강(彩陶缸) 조함어 무늬

하좌 하남 은허(銀墟)에서 출토된 상대 조함어 무늬

하우 한묘(漢墓) 조함어 화상석(畵象石)

좌 한대 조함어 도분

우 한대 조함어 회전 무늬 도반

우각룡(이룡희주) 복식자수, 귀주(貴州) 태강(台江)(필자 소장)

상좌 계두어 무늬 창화전지(섬서 안새)

상우 조함어 창화전지(섬서)

하좌 봉두룡(이룡희주) 커튼 자수(귀주(貴州) 송도(松桃))

하우 호두어미(虎頭魚尾) 베개(산서 직산(稷山))

학적 관념의 결합이다. 중요한 것은 땅과 물을 상징하는 용이 민족 대화합 속에서 민족 전체의 문화기호로 변한 것이다. 모든 민족들이 자신들을 대표하는 토템 동물에 용을 결합시키기 시작하면서 요하 유역의 돼지 머리에 몸은 용인 저두용(猪頭龍), 황하 중상류의 호랑이 머리에 몸은 용인 호두용(虎頭龍), 황하 중하류에서 장강 중하류까지의 새 머리에 몸은 용인 조두용(鳥頭龍), 장강 중상류의 소 머리에 몸은 용인 우두용(牛頭龍) 등이 출현하였다. 중국 민간미술에서 흔히 볼 수 있는 호랑이 머리에 몸은 물고기인 호두어(虎頭魚), 닭 머리에 몸은 물고기인 계두어(鷄頭魚)처럼 두 개의 동물이 하나로 결합된 것도 천지상합, 남녀상교를 상징하는 문화 기호다. 또한 물고기를 물고 있는 닭인 어함계(鷄銜魚), 물고기를 물고 있는 새인 어함조(鳥銜魚)처럼 두 가지 동물이 결합한 것은 천지합일, 음양합일을 의미하는 원시 사회 집단철학관을 대표하는 문화 기호다.

전지 대녹대학생명수(對鹿對鶴生命樹)(녹학동춘)(감숙 진원)

중국 민간미술에는 또 다른 음양결합을 상징하는 신기 동물과 토템 동물 기호가 있는데 바로 한 쌍의 동물 사이에 생명의 나무가 있는 것이다. 이것은 실크로드의 비단 도안 속에서 흔히 볼 수 있다. 티크리스 유프라테스 강 유역의 원시 토템에서는 신기 동물 한 쌍이 생명의 나무를 보호하는 도안이 있다. 하지만 이런 토템이 중국에 전래되면서 음양, 암수라는 철학적 특징이 추가되었다. 중국 원시 토템 속에서 볼 수 있는 대어(對魚), 대섬(對蟾, 두꺼비), 대사(對蛇, 뱀), 대호(對虎, 호랑이), 대녹(對鹿, 사슴), 대조(對鳥, 새)는 암수, 음양의 결합으로 만물을 번식시키는 신기 동물과 토템 동물의 철학적 기호이고 하늘을 선회하는 쌍어(雙魚), 쌍섬(雙蟾), 쌍녹(雙鹿), 쌍양(雙羊), 쌍조(雙鳥) 등은 음양관과 생생관이 결합한 철학적 기호다. 여기에서 이런 기호의 조합이 대표하는 문화적 의미를 이해할 수 있다. 두 종류의 토템 동물과 신기 동물의 사이에 태양무늬 기호가 있는 이용희주(二龍戲珠), 봉황조양(鳳凰朝陽)이나 중간에 생명의 나무가 있는 대녹생명수(對鹿生命樹), 대양생명수(對羊生命樹), 대후생명수(對猴生命樹) 등은 모두 이런 의미다.

중국 민간미술 작품 중 동물이 서로 반대 방향으로 회전하는 건 우주의 회전을 의미하는 생생불식 기호다. 원시 미술과 민간미술에서 흔히 볼 수 있는 쌍어선전(雙魚旋轉), 삼어선전(三魚旋轉), 사어선전(四魚旋轉) 등이 이에 해당한다. 쌍조선전(雙鳥旋轉), 삼조선전(三鳥旋轉), 사조선전(四鳥旋轉) 등도 같은 의미다. 때로는 모체를 상징하는 그릇의 바닥이나 볼록 튀어나온 부분에 물고기의 회전을 새겨넣어 땅의 순환을 상징하거나 기물의 윗부분이나 주둥이에 봉황의 회전을 그려넣어 하늘의 순환을 의미하기도 한다.

신기 동물 중 번식에 강한 동물은 번식의 신인 자신(子神)에 비유된다. 쥐가 자신이기 때문에 민간에서는 '쥐는 체구는 아주 작지만 12지신 중 가장 크다'고 말한다. 노서흘남과(老鼠吃南瓜)*, 노서흘포도(老鼠吃葡萄)**, 노서투유(老鼠偷油)***는 모두 다산을 의미하는 기호의 조합이다. 전지와 목판 연화 작품 노서가녀(老鼠嫁女)****에서도 쥐는 자신이다. 매년 음력 정월 초이렛날인 인일(人日)은 쥐가 혼인하는 날인데 이것은 만물의 번식을 의미한다. 토끼도 자신으로 자손 번식을 상징하는데 토아흘백채(兎兒吃白菜)***** 등이 그 예다. 사반토(蛇盤兎)는 토템 뱀의 자손에 대한 보호와 양육의 뜻을 반영한 것이다.

중국 민간미술 작품 중에는 게, 거미, 전갈, 딱정벌레, 지네 등으로 뻗어나가는 형태의 다리 여덟 개 동물과 절지곤충이 많은데 이런 동물을 관물취상 태양 기호로 간주한다. 이 동물들은 원래 고대 이집

* 老鼠吃南瓜: 쥐가 호박을 먹다.

** 老鼠吃葡萄: 쥐가 포도를 먹다.

*** 老鼠偷油: 쥐가 기름을 훔쳐 먹다. 기름병은 번식을 책임지는 모체를 뜻한다.

**** 老鼠嫁女: 쥐가 가마를 들고 가다.

***** 兎兒吃白菜: 토끼가 배추를 먹는다.

좌 반파형 앙소 문화 쌍어 회전무늬 채도분(6000년 전)

중 요대 백자분의 조어선전(鳥魚旋轉)(1000년 전)

우 현대 민간 자기 청화완(青花碗)의 삼어선전(三魚旋轉)

상좌 전지 노서흘포도(섬서 의천(宜川))

상우 전지 노서가녀(섬서 천양(千陽))

하좌 전지 토아흘백채(섬서 안새)

하우 향낭 장식 방해진오독

트 나일강과 바빌론강 유역의 태양 기호였는데 실크로드를 통해 중국에 전래되었다. 현재 중국 서부의 용동, 관중평원의 '실크로드'에서는 해마다 단오절이 되면 사람들의 조끼, 말의 안장, 크고 작은 향낭에서 수호신 역할을 하는 이런 동물을 볼 수 있다. 현대에서는 이런 동물을 '오독(五毒)*'이라고 부르지만 원래는 모두 태양신의 신기 동물이었다. 오독은 원래 몸에 지니지 않았다. 설사 몸에 지닌다 하더라도 가슴 앞이나 등처럼 수호신이 있는 위치에 놓아 보호신의 역할을 하게 하였다. 1년 중 가장 힘든 두 절기 중 하나가 단오절(음력 6월 하순)이다. 이 날은 1년 중 낮이 가장 길고 태양이 가장 뜨거워 전염병

*五毒: 다섯가지 독

좌 당대 민속전지의 인면함어

우 6000년 전 앙소 문화 채도분의 인면함어

이 횡행한다. 그래서 사람들은 '독으로 독을 물리치다'라는 의미로 이런 작은 태양신 동물을 몸에 지닌다. 또 하나는 1년 중 밤이 가장 긴 동지(음력 12월 하순)다. 전설에 따르면 이 날 귀신이 설친다고 하여 사람들은 태양신 동물인 닭을 이용하여 액을 막았다. 이것도 원래 바빌론강 유역의 원시 문화였는데 유럽으로 전래되었다가 다시 중국으로 들어와 중국 문화와 결합한 수천 년 동안 중국 민간미술 중 집단 문화 기호가 되었다.

인체는 천체(天體)다 중국 민간미술 작품은 토템 동물과 신기동물뿐 아니라 인류 자신도 우주 천지의 결합체로 간주한다.

중국인은 머리 부분을 중시한다. 머리를 우주로 봤을 때 이마는 하늘, 두 눈은 각각 해와 달이거나 둘 다 해이고, 턱은 땅, 입은 우주 생명 번식의 근원인 모체의 자궁, 코는 하늘과 땅을 연결하는 생명의 나무다. 이것은 원시 문화에서도 흔히 볼 수 있다. 예를 들어 서안 반파유적에서 출토된 인면함어(人面含魚)의 사람 얼굴, 하모도 유적의 두 눈, 호남(湖南) 고묘(高廟)의 튀어나온 이는 모두 인체와 우주의 기호다.

도구는 우주다 중국 민간미술 작품 중 볼록 튀어나온 물건은 통천통양(通天通陽)을 표현하는 양성 생명 기호이고 움푹 들어간 물건은 모체의 자궁을 의미하는 음성 기호로 간주된다. 생활 자기 중 분(盆)*, 관(罐)**, 병(甁), 호(壺)***, 반(盤)****은 모두 모체 기호다. 즉 가운데는 자궁, 주둥이는 하늘, 바닥은 땅이니 하늘, 땅, 사람이 모두 갖춰진 완벽한 우주 기호다. 자기 가운데 툭 튀어나온 부위는 쌍호상교(雙

* 盆: 윗부분이 벌어지고 밑부분이 좀 좁은 원형의 그릇

** 罐: 항아리

*** 壺: 주전자

**** 盤: 큰 접시

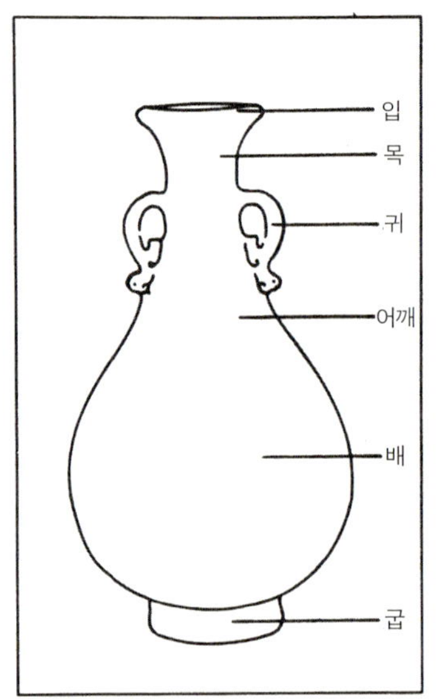

상좌 중국 고대의 우주 모체 기물관

상우 상대 청동기 무늬 탑본편(搨本片)

하 5500년 전 중국 원시 시대 도방륜 회전 기호. 호북(湖北) 굴가령(屈家嶺) 출토

중국 민간 맷돌 위의 음양어상합(陰陽魚相合) 회전 기호(섬서 연천(延川))

虎相交), 쌍어상교(雙魚相交)와 같은 음양 토템 동물로 장식하거나 음양을 상징하는 두 마리 동물이 서로 교차하는 쌍호공두(雙虎共頭)[5], 쌍양공두(雙羊共頭)[6], 쌍용공두(雙龍共頭)[7], 천지상합의 쌍용공호두(雙龍共虎頭)[8] 등으로 장식하는데 모두 음양관과 생생관이 결합한 철학적 기호다. 원시 시대의 도기, 상(商)나라, 주(周)나라의 청동기에서 궁과 민간에서 사용하는 도구까지 모두 같은 관념에서 나왔다. '도구는 우주다'라는 중국인의 관념에서 뚜껑이 있는 그릇은 천지합일의 우주를 비유한다. 예를 들어 뚜껑이 있는 주전자에서 주전자는 모체이자 땅이고 뚜껑은 하늘이다. 중국 민간미술에서 구완(扣碗)*은 위는 하늘, 아래는 땅으로 천지, 남녀상교를 의미하는 기호다.

원시 생활자기 중 회전하는 도안은 모두 생생불식 철학관을 나타내는 문화적 기호다. 인류 역사상 가장 먼저 나타난 대표적 생생불식 기호는 바로 털실을 꼴 때 돌리는 도방륜(陶紡輪)** 위의 다양한 만(卍)자 변체 기호다.

우주 태양화와 모체 조롱박 중국 민간미술에서는 국화, 장미, 모란, 해바라기처럼 가운데에서 사방으로 뻗어나가는 꽃잎을 갖고 있는 식물도 태양을 상징하는 기호로 사용하였다. 6000년 전의 묘저구(廟底沟) 유적지 앙소 문화와 대문구 문화 채도에 있는 꽃잎은 중국 민간미술에서 처음 꽃으로 태양을 상징한 기호다.

불교가 중국에 전래된 후 원시 문화와 민간미술에서 연꽃이 나타

* 扣碗: 뚜껑 있는 사발

** 陶紡輪: 옛날 실을 만드는 도자기로 만든 도구

좌 대문구 문화 꽃잎형 태양무늬 도병(6000년 전)

우 농민화. 우주 모체 속의 인류의 조상(섬서 의군(宜君))

났다. 연꽃은 물에 살기 때문에 땅과 물을 의미하는 양성 기호에 비유된다. 민간미술에서는 종종 모란은 남성에, 연꽃은 여자에 비유한다. 하지만 서로 바꿀 수도 있다. 예를 들어 봉황희목단(鳳凰戱牧丹)에서는 목단이 여성이고 병삽연화(甁揷蓮花)에서는 병이 여성이고 연꽃은 태양화가 되었다.

원시 문화에서 민간미술까지 볼 수 있는 식물을 이용한 관물취상 표현법은 과일과 채소로 만물을 번식시키는 모체를 표현하는 것인데 최초로 나타난 것이 조롱박이다. 앙소 문화에 나오는 많은 호리병은 모체를 의미하는 것이며 민간미술 속의 조롱박, 호박, 포도, 배, 배추는 번식을 상징하는 기호다.

유구한 역사의 토템

조계인형　조계인형은 황하 유역 황토고원에서 유행하던 원형 전지인데 원형 가운데 보호와 번식을 책임지는 우주의 신 조계인형이 있다. 이 신은 머리를 양쪽으로 틀어 올린 채 양 팔로 두 마리의 물고기를 안고 출산하는 자세로 앉아 있는데 아랫부분의 가위는 남성의 상징으로 틀어 올린 머리와 가위는 이 조계인형이 천지합일의 우주신이라는 의미다. '송곳과 가위가 오독을 밖으로 쫓아내고 안정을 가져온다(錐剪定安寧, 五毒攆出門)'라는 말에서 알 수 있듯이 남성을 상징하는 가위는 액막이 도구 중 하나다. 민간미술 작품에 나오는 우주신의 두 눈은 태양을 의미한다. 민간에서는 모란을 태양으로 간주하기 때문에 모란으로 두 눈을 장식하기도 한다. 우주신의 양쪽 가슴은 매미의 눈인데 이는 매미가 번식을 의미하는 신기 동물이기 때문에 자손만대의 번영을 비유한 것이다. 좌우의 생황(笙篁)[9]과 연꽃도 번식을 기원하는 기호로 생황은 번식을 상징하는 기호이고 연꽃은 다산을 상징하는 남성 기호다. 우주신이 양손으로 안고 있는 음양쌍어의 꼬리가 교차하여 자손만대의 번식을 의미

단화전지 조계인형

하는 생명 기호 '만(卍)'자를 만든다. 아래쪽 좌우의 쌍여의(雙如意) 기하부호는 모두가 잘 아는 길상여의(吉祥如意) 생명 기호다. 이 기호와 우주신 좌우의 풀을 물고 있는 신(神) 토끼가 함께 있는 것은 '토끼가 여의를 잡으면 누나가 형제를 불러온다(兎兒抓如意, 姐姐招兄弟)'라는 속담을 의미하는 것이다. 토끼는 '자식이 나오다(吐子)'와 발음이 같으며 자손의 번식을 상징하는 자신(子神)으로 쌍토쌍여의(雙兎雙如意)는 자식을 연이어 낳는다는 의미다. 전지를 만드는 할머니는 전지의 의미를 설명하면서 '가위질 하나 하나에도 모두 의미가 있다'고 말했다. 섬서 북부 민가에서 창화(窓花)[10]를 신천유(信天游)[11]라고 한다면 이렇게 복잡한 조계인형은 민간전지의 교향곡이라 부를 수 있다. 이 조계인형이 바로 서안 반파 유적지에서 발굴된 6000년 전 앙소 문화 채도분(彩陶盆)에 나오는 쌍어인면의 변체다.

감숙의 용동 진원의 민속전지 쌍어인형(雙魚娃娃)도 좌우음양쌍어(左右陰陽雙魚)다. 이렇게 조계인형을 사이에 두고 두 마리의 물고기가 대립하고 있는 조계인형 전지는 감숙의 용동, 경양(慶陽) 일대의 황토고원에서 흔히 볼 수 있는 것으로 그 문화적 의미와 예술적 형태는 서로 같다. 섬서 낙천(洛川) 일대의 뱀이 마주 보고 있는 형태와 용이 마주 보고 있는 형태도 같은 의미다. 중국의 민간미술에서 물고기, 뱀(용), 개구리는 서로 바꿔 사용할 수 있기 때문이다.

반파 채도 쌍어인면 섬서, 산서, 감숙의 민간미술 작품에서 볼 수 있는 쌍어인면 조계인형의 기원은 섬서 반파 유적지에서 출토된 6000년 전의 앙소 문화 채도 쌍어인면이다. 사람들은 이것을 어업 수렵 생활과 연계하여 원시 시대 반파인의 수렵 생활을 묘사한 것으로 생각하였고 좌우의 그물 무늬는 어망 기호라고 보았다. 여기에 나오는 사람이 머리만 있는 것에 대해서는 다음과 같이 추측할 수 있다. "두 사람이 머리와 어깨만 내놓은 채 물속에 어망을 잡고 있다. 하반신은 물속에 있어 그리지 않았고 손도 물속에서 고기를 잡고 있는 것

쌍어인면 무늬 민속전지(감숙 진원)

쌍어조계인형 민속전지(감숙 경양(慶陽))

좌 반파 유적지에서 출토된 앙소 문화 채도 소저기(小底器)* 쌍어인면 무늬

우 반파 유적지에서 출토된 앙소 문화의 눈을 감은 신면쌍어(神面雙魚) 회전 무늬 채도분 입구의 팔괘(八卦) 무늬 기호

으로 추측할 수 있다. 두 사람은 양쪽에서 고기를 어망 속으로 몰고 있다. 눈을 가늘게 그린 건 물속에 집중하고 있기 때문이다. 이것은 고기 잡는 모습을 잘 묘사한 사실화다(논문 「채도 도안에 관한 짧은 소견(關于機幅彩陶圖案的管見)」, 『중원문물(中原文物)』(1987[1]))." 하지만 필자는 원시 시대의 민간미술 창조자들은 오랫동안 전해 내려오면서 약속으로 정해진 기호로 중국의 본원 철학의 관념을 표현한다고 생각한다. 그러므로 중국의 본원 철학관과 그들의 철학적 암호를 이해하지 못하면 중국의 고고 미술과 민간미술을 해석할 수 없다. 물고기를 예로 들어보자. 민속 예술 창조자들이 표현하는 집단적 관념의 쌍어는 자연 상태의 물고기가 아니라 관념적 성격을 갖는 음양어(陰陽魚) 기호다. 채도분에서 두 마리 물고기가 서로 반대 방향으로 회전하거나 음양어가 하늘을 도는 것은 영생과 자손만대 생생불식을 의미하는 관념적 기호다.

민간미술 속의 쌍어인면 쌍어인면 채도분에 있는 얼굴은 이 지역에서 유행하는 음양쌍어와 조계인형이 결합한 민간전지를 이용하여 우주 생명의 시조신을 표현한 것이다. 한 눈은 감고(반파에서 출토

* **小底器**: 작은 바닥 도기

좌 반파 유적지에서 출토된 앙소 문화 쌍어인면(雙魚人面) 무늬 채도분의 어망 기호

우 중국 민간에 전래되는 팔괘(八卦)* 기호의 각종 변체

된 채도 인면), 한 눈은 떴는데(강채(姜寨)에서 출토된 채도 인면) 이는 자연 상태의 눈이 아니라 관념적인 눈이다. 우주의 신이 눈을 뜬 것은 해, 양, 낮을 의미하고 눈을 감은 것은 달, 음, 밤을 의미한다.

민간미술에서 눈으로 해와 달이나 태양을 상징하는 것은 매우 보편적인 현상이다. 섬북 농촌에서는 사람의 눈을 호랑이와 마찬가지로 원형으로 그리는데 눈을 감지 않고 눈동자를 흰자위 가운데 동그랗게 표현한다. 눈을 감으면 달빛, 눈을 뜨면 태양이기 때문에 밝고 빛나게 그린다. 필자는 이것도 원시 종족의 관념이라 생각한다.

어망 기호　민간미술 작품에서 흔히 볼 수 있는 '어망' 기호는 원시 시대부터 현재까지 세계 전역에 유행되고 있는 생생불식 기호이자 인류 공동의 문화 유전자다. 어망 기호는 중국에서 수천 년 동안 전해 내려온 쌍여의(雙如意) 기호로 팔괘 기호라고도 하는데 변체와 명칭이 매우 다양하다. 섬서 서안 반파 유적지에서 출토된 앙소 문화의 인면함어 채도분에 나오는 어망 기호의 근원은 '+'와 'X' 기호이다. '+'는 태양의 상징이지만 'X'는 회전하는 태양과 우주를 대표하는 기호다. 전자는 사각형, 쌍방형(雙方形), 격자무늬이지만 후자는 마름

* 八卦: 역(易)을 구성하는 64괘의 기본이 되는 8개의 도형(圖形)으로 건(乾), 태(兌), 이(離), 진(震), 손(巽), 감(坎), 간(艮), 곤(坤)을 말한다.

모, 그물 무늬로 소위 말하는 어망 기호다.

이 두 가지 기호는 지난 수천 년 동안 서아시아, 중국 및 전 세계에서 다양한 번체가 유행하였고 의식주, 관혼상제, 명절풍속, 신앙금기 등의 민속 생활 속에 축적되었다. 산동 한묘(漢墓) 화석상(畫像石)에서 볼 수 있는 적조락함(赤鳥雒銜)의 단서(丹書)*가 바로 반파 채도 무늬 장식의 어망 기호다. 섬북 민간에서 전래되는 보호루(寶葫蘆)**와 사반구과단(蛇盤九顆蛋) 도안, 하북(河北)성의 팔괘와 호로투방정(葫蘆套方正), 위하(渭河) 유역 인형석류 베개 위의 마주 보고 있는 사반구과단(용생구자(龍生九子)), 요즘 유행하는 가슴 앞이나 침대 머리맡을 장식하는 중국 매듭이 소위 말하는 어망 기호다. 중국 매듭 등은 모두 이것의 변체다. 섬북 사람들이 해마다 춘절에 하는 민속놀이 전구곡(轉九曲)도 이 구궁(九宮)*** 팔괘에 따라 그린 길을 걷는 것이다.

중국 서부 포이달(布爾達)산 일대의 파합모력구(巴哈毛力溝) 암각화에서 볼 수 있는 태양 기호와 상대되는 이런 어망 기호는 지금도 감숙 남부, 청해(青海)와 서장(西藏)의 강(羌)족 지역 건축과 천막의 양측

* **丹書**: 비석에 쓴 글

** **寶葫蘆**: 보물 호리병

*** **九宮**: 아홉 방위의 자리

좌 구궁(九宮) 기호 평면도. 섬서 춘절 전구곡의 노선도

우상 구곡등(九曲燈)을 설치한 자리

우하 전구곡 장면

전지 손을 잡은 인형(拉手娃娃)

마가요 문화 무도(舞蹈) 무늬 채도분(5000년 전)

에 길상여의 기호로 광범위하게 사용되었다. 불교가 인도에서 전래됨에 따라 이 길상여의 기호는 불교의 팔보(八寶) 기호 중 하나로서 중국에 광범위하게 전파되었다.

무도 무늬 채도와 오도인형 전지 1973년 청해 대통(大通)현 손가채(孫家寨)에서 출토된 무도(舞蹈)* 무늬 채도분은 신석기 시대 마가요형 앙소 문화의 대표작 중 하나다. 이 도안의 주체는 손을 잡고 있는 인형인데 5개가 한 조로 모두 3세트로 되어 있다. 중국 민간미술 작품에서 이런 도안도 종종 볼 수 있다.

무도 무늬 채도분이라 하는 이런 도안을 일부 학자들은 손을 잡고 춤추는 장면이라고 해석하였다. 하지만 필자가 이 도안을 섬북 할머

* **舞蹈**: 무용

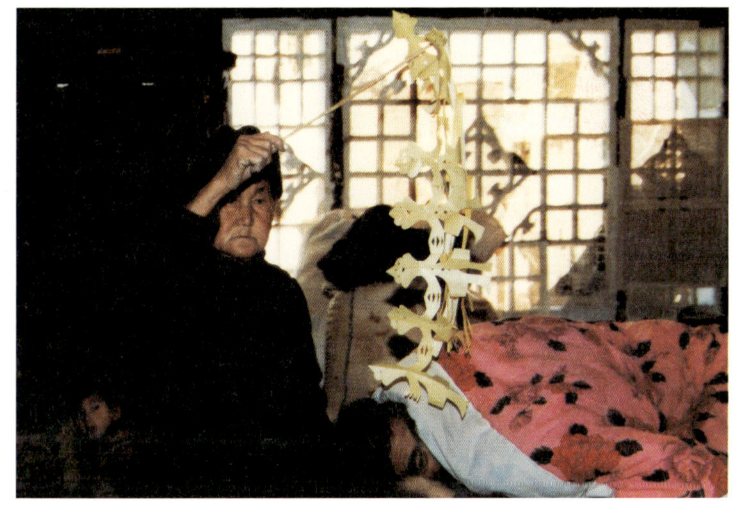

병을 치료할 때 사용하는 오도 인형 전지(섬서 연천)

니들에게 보여줬더니 그녀들은 이것 무도인형이 아니라 오도인형이라고 말했다. 섬북에서 '동서남북중앙' 다섯 방향의 신을 말하는 오도인형은 섬북 지역에서 과거 무속 활동을 위해 자주 사용하는 전지다. 아이가 아프면 제사 지낼 때 쓰는 누런 종이로 다섯 개의 손을 잡고 있는 인형을 만든 후 버드나무 가지로 들어올려 주문을 외우면서 누워 있는 환자의 몸을 쓸어내린다. 그런 다음 물이 든 그릇에 오도인형을 태운 재를 넣고 아이의 옷을 들고 아이 이름을 부르며 오거리까지 걸어가 그 물을 뿌린 후 다시 아이 이름을 부르며 돌아온다. 당시 사람들은 이렇게 하면 아이의 병이 좋아진다고 믿었다. 때로는 이렇게 손을 잡은 인형 전지를 문미(門眉)*에 걸어놓고 액막이를 하기도 하는데 수에 대한 특별한 제한은 없지만 반드시 홀수로 만들어야 한다. 때로는 호박씨와 검은콩으로 된 '과자(瓜子)**인형'을 만들어 실내에 걸어두고 액막이를 하기도 한다.

* **門眉**: 창문 위에 가로 댄 나무. 그 윗부분 벽의 무게를 받쳐 준다.

** **瓜子**: 곡물의 씨

1| **옥여의**(玉如意): 옥으로 만든 길상을 상징하는 장식물

2| **황제**(皇帝): 중국 신화에 나오는 삼황오제 중 한 사람

3| **용동**(隴東): 감숙 동쪽

4| **관중**(關中): 섬서 위하 유역

5| **쌍호공두**(雙虎共頭): 머리가 하나인 두 마리 호랑이

6| **쌍양공두**(雙羊共頭): 머리가 하나인 두 마리 양

7| **쌍용공두**(雙龍共頭): 머리가 하나인 두 마리 용

8| **쌍용공호두**(雙龍共虎頭): 하나의 호랑이 머리를 가진 두 마리 용

9| **생황**(笙簧): 묘족이 만들었다는 악기

10| **창화**(窓花): 주로 창문에 사용하는 전지

11| **신천유**(信天遊): 섬서 북부 민가의 일종

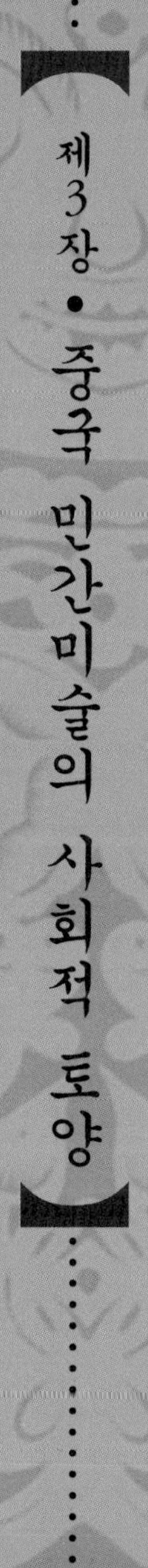

제3장 • 중국 민간미술의 사회적 토양

민속은 민간미술의 한 형식이다。 중화 민족의 본원 철학 및 관물취상의 민간미술은 사회 깊숙이 침투해 있다。 생명과 번식의 주제는 실제 생활의 필요에 따라 관혼상제、 명절 풍속、 의식주、 앙 금기 등 생활 곳곳에 풍부하게 표현되어 있다。

관혼상제 속의 민간미술

인류의 탄생

* **紅蛋**: 붉은 계란

상 장강 유역에서 아이의 돌이 되면 외삼촌 집에서 보내는 홍단(紅蛋). 달걀 위에 만년청 전지를 붙였다(호북(湖北) 도강(桃江)).

하 황하 유역에서 아이의 돌 때 외갓집에서 보내는 팥을 넣은 혼돈 예마(섬서 화현(華縣))

인류 탄생의 주제는 무엇일까? 첫째, 어디서 왔는지를 밝히는 것이고 둘째, 새로운 생명의 탄생을 축하하는 것이다.

인류는 어디에서 왔을까? 옛날 중국 사람들은 '혼돈은 계란과 같다'는 말로 아득히 먼 우주를 표현하였다. 인류는 우주 모체, 즉 토템 동물의 모체에서 태어났다고 생각하였기 때문에 혼돈 우주를 상징하는 달걀을 선물했다. 장강 유역의 호남에서는 '홍단(紅蛋)*'을 선물하는데 이는 계란 위에 붉은 종이로 만든 생명의 나무 전지를 붙여서 아이의 출생 및 건강한 성장을 비유한 것이다. 면을 주식으로 하는 황하 유역에서는 혼돈 예마(混沌禮饃)[1]를 선물한다. 이것은 우주를 상징하는 밀가루 빵 속에 생명의 잉태를 상징하는 팥을 넣은 것이다. 혼돈예마 중에는 음양의 교감을 상징하는 두 개의 둥근 구름무늬로 인류 만물의 혼돈우주를 표현한 것이 있는데 산서, 섬서에서는 이런 예마를 '혼돈(混沌)', '곡권(谷卷)'이라 한다.

사람은 번식의 신의 모체에서 왔다. 거

상 호랑이 머리와 물고기 머리를 가진 용이 등에 대천만물을 지고 있는 면화(산서 후마(侯馬))

하좌 친정집에서 선물하는 기어가는 인형(爬娃娃) 베개. 오른쪽은 송대 민요자(民窯瓷) 베개

하우 친정집에서 친척이나 친구에서 선물하는 쌍어 베개(감숙 정녕(正寧))

면양을 먹는 풍경(하북(河北) 자현(磁縣))

북이, 뱀, 물고기, 개구리 등의 신기 동물, 토템 동물, 인격화 신 조계 인형을 숭배하는 지역에서는 외갓집에서 조카에게 번식의 신인 물고기 모양의 베개를 선물하는데, 음양쌍어가 상교하는 물고기 베개, 개구리 베개, 거북이 베개, 그리고 '기어가는 인형(爬娃娃)'이라고 부르는 조계인형을 수놓은 베개 등이 있다. 이곳의 기어가는 인형 베개는 송(宋), 원(元), 명(明), 청(淸)나라 시대의 자침(瓷枕)[2]과 비슷하다. 중요한 것은 이런 베개의 중간에 여자의 자궁을 상징하는 마름모꼴 구멍을 만들어 아이가 신기 동물과 인격화신의 모체에서 출생했다는 것을 상징한다는 것이다. 호랑이 숭배 지역에서는 외갓집에서 '혼돈(混沌)'이라는 큰 예마를 선물한다. 이것은 머리는 호랑이(하늘), 몸은 뱀, 꼬리는 물고기(땅)인 동물이 등에 인류 만물의 대천세계(大千世界)*를 메고 있는 것이다. 아기의 첫돌이 되면 조계인형과 호랑이 토템이 결합한 인두호(人頭虎) 베개를 베고 호랑이 모자를 쓰며 호랑이 신발을 신고 몸에는 호랑이 복대를 두르니 명실상부한 호랑이 토템의 계승자라고 할 수 있다.

양 숭배 지역에서는 밀가루로 만든 면양(面羊) 예마를 선물하는 것이 유행이다. 하북, 산서의 면양 예마 중 쌍양공두(雙羊共頭), 양두어미(羊頭魚尾)[3]는 음양의 결합을 비유한 것이다. 삼양개태(三陽開泰)**에 비유하여 세 마리 면양을 함께 놓고 아이의 건강을 기원한 것도 있다. 해마다 송양절(送羊節)***이면 하북 자(磁)현 주민들은 아이들에

* **大千世界**: 고대 인도인의 세계관에서 우주 전체를 가리키는 말

** **三陽開泰**: 옛날에 새해를 축하하는 말

*** **送羊節**: 음력 5월 13일

게 '면양'을 선물한다. 모계 친척 중 근처에 사는 사람은 소쿠리에, 멀리 사는 사람은 자전거나 트랙터를 몰고 면양을 선물하러 온다. 아이가 출생하고 3년 동안은 대양(大羊), 이양(二羊), 삼양(三羊)을 선물하고 3년 후부터 결혼할 때까지 소양(小羊)을 선물한다. 아이 앞에 면양을 놓을 때는 중간에 대추를 끼워놓은 3층의 대형 원병(圓餠)*을 가운데 놓고 음양의 결합을 상징하는 두 마리의 쌍양공두와 자손을 상징하는 각양각색의 작은 면양으로 주변을 둘러싸는데 이는 혼돈 우주와 토템 양의 모체에서 출생한 양 집단을 의미한다.

* **圓餠**: 동그랗게 구운 떡

현대 민속에는 12가지 동물로 출생한 해를 대표하는 12지신이 유행한다. 사람들은 자신의 띠를 중시하여 생일에는 자신의 띠가 새겨진 옥 장식을 가슴에 다는데 사실 이것도 원시 동물 숭배의 연속으로 볼 수 있다. 현대 중국에서 유행하는 '용의 계승자'라는 관념도 원래 용 숭배 문화에서 전래되었다.

혼인 풍습

전통적인 혼인 풍습은 번식의 의미다. 남녀상교, 음양상합, 인류번식, 생생불식은 중국 민간미술 작품 중 혼인 풍속에 대한 주제이며 예술 형태의 특징이다.

물고기는 다산을 상징하는 신기 동물이다. 물고기로 다산을 비유하고 물고기 두 마리로 음양화합과 자손번식을 비유하는 것은 중국 민간미술 작품에서 자주 사용하는 문화적 기호다.

혼례 때 신방의 천장에는 어희련(魚戱連)[4], 어교련(魚咬(唆)蓮)[5], 연리생자(蓮里生子)[6], 희인형(喜娃娃)[7] 등의 홍색의 원형 자수무늬 전지를 붙인다. 섬북 지역의 동굴집(窯洞) 창문 가운데는 조계인형이 양팔로 두 마리 물고기를

신혼방 창문 가운데 붙이는 희인형(喜娃娃) 전지나 홍색 쌍희(雙喜)자(섬서 안새)

희인형(喜娃娃)

호함단(虎銜蛋) 혼돈 예미(섬서 화현)

안고 있는 홍색이나 녹색의 원형 자수가 붙어 있는데 섬북에서는 이를 '전화(轉花)'라고 하며 생생불식에 비유한다. 창문 아래 36개의 격자 창 중 가운데 4칸에는 대형의 토템 동물 전지(호랑이, 양, 사슴)가 붙어 있고, 모서리에는 각화(角花)[8]를, 나머지 칸에는 구완(扣碗), 대어(對魚)[9], 어희연(魚戲連), 어사련(魚唆連), 연리생왜(蓮里生娃), 노서흘남과(老鼠吃南瓜), 송서흘포도(松鼠吃葡萄)[10], 후흘도(猴吃桃)[11], 토아흘백채(兎兒吃白菜), 금계탐연화(金鷄探連花)[12] 등의 창화전지를 붙여 '36칸 창문 무늬'를 형성하였다. 하얀 창호지 위에 울긋불긋한 창화전지가 비치면 방안 분위기가 화사해진다. 이곳에서는 쥐, 다람쥐, 토끼, 금계는 남성을 상징하고 연꽃, 호박, 포도, 배추, 복숭아는 여성을 상징하며 동물과 식물의 결합은 다산을 비유한다.

황하 중상류 지역에는 혼례 때 외갓집에서 두 마리의 물고기가 서로 도는 모양의 커다란 원형 예모를 선물하는 풍속이 있다. 혼돈이라고 하는 이 머리는 호랑이, 몸은 용, 꼬리는 물고기인 면마(面饃) 위에 대천세계를 꽂는데 이것은 음양이 결합하여 자손을 번식시킨다는 의미다. 섬서 화현의 혼인 예마인 고모반(高饃盤)의 가운데는 갈대를 묶

* 寶瓶: 보물병

어 하늘로 통하는 원기둥을 만들고 원기둥 아래에서 쌍어(雙魚), 쌍어공호두(雙魚共虎頭)[13], 쌍어공양두(雙魚共羊頭)[14], 쌍용공호두(雙龍共虎頭), 어미봉조(魚尾鳳鳥)[15] 등 대천세계의 신기 동물을 상징하는 면마가 층층이 꼽혀 있으며 제일 꼭대기에는 번식을 상징하는 보병(寶瓶)*과 희인형이 꼽혀 있다. 혼례식에는 고모반 두 개가 신랑신부가 천지에 절하는 탁자 좌우에 각각 세워져 있어 혼례식의 분위기를 더욱 성대하게 만들어준다.

섬서, 산서, 용동 지역의 민간 혼인 풍속 자수 중에 신부가 혼수품으로 가져오기 위하여 직접 수를 놓은 홍색의 복대가 있는데 여기에는 신부 자신을 상징하는 몸에 줄(女陰)이 있는 물고기 한 마리가 수놓아져 있다. 혼수품 위에 놓는다고 해서 '점분(苫盆)'이라고 부르는 이 복대는 신랑에게 선물하는 것이다. 또한 남녀의 결합과 다산을 상징하는 동물, 화초, 열매 등을 수놓은 장식품과 반짇고리, 호리병 모양의 바늘꽂이 등이 있는데 자신의 솜씨를 자랑하기 위해 시댁 식구들에게 이런 물건들을 선물한다.

하남 원숭이 숭배 지역에서는 혼인 전 신부는 남편을 상징하는 수컷 원숭이를 수놓아 혼수 상자 밑에 몰래 넣어두었다가 시집갈 때 가져가는 풍속이 있다. 신부는 아무도 모르게 혼수품 상자 속에 상반신

좌 친정집에서 보내는 혼돈 예마(섬서 화현)

우 신부가 남편을 위하여 수놓은 잉어개구(鯉魚開口) 복대(섬서 낙천(洛川))

좌 신부가 만들어 혼수 상자 바닥에 넣는 원숭이(신랑을 상징)(섬서 보계(寶鷄))

우 신부가 혼수품 속에 가져오는 친정집의 생육 번식의 신 희인형 도자기(하남 우현(禹縣))

은 여성, 하반신은 남성인 도자기 희인형을 넣어두었다가 첫날밤 침대 밑에 두고 합방 시 깨뜨리는데 이는 다산을 기원하는 것이다. 도자기 희인형은 하남성 우현에 위치한 송나라 시대 자요(瓷窯)에서 지금까지 제작하고 있다.

상례와 제례

상례와 제례의 주제는 망자의 영생이다. 이것은 중국 민간미술 작품 중 상례와 관련된 주제이자 예술 형태의 특징이다. 노인이 늙어서 죽는 것을 '선서(仙逝)*'나 '귀천(歸天)**'이라 하는데 바로 우주의 혼돈 모체로 돌아가는 뜻이다. 중국인은 혼례와 상례를 '홍백희사(紅白喜事)'라고 하는데 이는 혼례(紅事)도 기쁜 일이지만 상례(白事)도 경사라는 뜻이다.

관혼상제 중 상례 때 쓰는 예마를 '노마(老饃)'라고 부르는데 이는 출생시 선물하는 예마와 마찬가지로 혼돈 우주를 상징하는 만두 모양이다. 하지만 상례 때의 노모에는 다산을 상징하는 팥이 없다. 이것

상 상례에 사용하는 망자를 위한 쌍계(雙鷄) 베개(섬서 천양)

하 상례 혼돈 예마 화대공(花大供)(섬서 낙천)

* **仙逝**: 신선이 간다.

** **歸天**: 하늘로 돌아간다.

* 引魂鷄: 혼을 부르는 닭

이 바로 출생의 혼돈 예모와의 차이점으로 혼돈 우주에서 출생하여 혼돈 우주로 돌아간다는 철학관을 표현하는 것이다.

상례에도 '혼돈'이라는 예마가 있는데 바로 중간을 대추로 장식한 3층의 원병 예마다. 모양은 춘절의 혼돈 예마와 같지만 상례 예마는 그 위에 생명나무의 푸름을 상징하는 측백나무 가지가 꽂혀 있어 망자의 영생불사를 상징한다.

상례를 위해 만든 민간 자수 작품에는 인혼계(引魂鷄)*를 수놓은 베개, 양쪽에 어린아이를 수놓은 노침(老枕), 땅과 물을 상징하는 연꽃을 수놓은 노혜(老鞋) 등이 있다. 이것은 망자의 영혼이 이런 작품을 통하여 영생을 얻는다는 것을 의미한다.

상례 중 흔히 볼 수 있는 민간 지찰도 민간 전지 시리즈다. 사람들은 망자를 화장할 때 종이를 자르거나 묶어서 만든 망자가 저승에서 사용할 각종 물건을 태운다. 이 물건들도 상징성을 갖고 있다. 운남(雲南) 태(傣)족은 상례 때 망자를 위하여 9m 높이의 '하늘로 가는 계단(天梯)'을 만들어 절 안의 입주(立柱) 위에 걸어놓는데 이는 망자의 승천을 비유한 것이다. 계단 위에는 통천탑(通天塔), 신기 동물(神祇動物), 생명의 나무(生命之樹) 등이 수놓아져 있다.

현대의 상례에서는 지찰이나 기타 상징적인 물건을 만들지 않는다. 부장품을 화환으로 바꾼 것은 화환이 생명 영생을 의미하는 태양화이기 때문이다. 상주는 종이로 만든 지팡이를 사용하지 않고 푸른 송백 가지를 사용하는데 이것도 생명나무를 상징한다. 비록 예술적 형태는 변하였지만 문화적 의미는 일맥상통한다.

운남 태족이 상례에 사용하기 위해 수놓은 천제(天梯)를 사당 통천주에 걸어놓았다(운남 서쌍판납(西雙版納) 맹한만춘만진(孟罕曼春滿鎭)).

명절 풍습 속의 민간미술

춘절(春節)

춘절은 중국에서 가장 중요한 명절이다. 『예기(禮記)』의 월령(月令)편에 보면 '춘절에는 천기가 하강하고 지기가 상승하여 천기 지기가 서로 통하니 만물이 싹튼다(春節天氣下降, 地氣上升, 天地相交, 萬物萌動)'라는 말이 있다. 천지와 음양의 화합, 인류의 번식, 풍부한 물자는 중국 민간미술 작품에서 춘절과 관련된 주제 및 예술 형태의 특징이다.

춘절 창화와 혼례 창화는 그 의미가 같다. 황하 상류 황토고원의 민간미술 작품 중 가장 대표적인 것이 동굴집의 창화전지다. 섣달 그믐날 밤, 동굴집의 창문에 하얀색 새 창호지를 바르는데 창틀 횡목의 윗부분은 하늘에 비유하고, 가운데는 조계인형이 양 팔에 두 마리 물

섬북 동굴집의 춘절 풍경

춘절 창화(하북(河北) 위현(蔚縣))

고기를 안고 있는 '전화(轉花)'라는 대형 전지를 붙여서 원천선전(圓天旋轉)*, 생생불식을 비유한다. 횡목 아래의 36개 격자창 중 가운데 4칸에는 호랑이, 사슴 같은 토템 동물 모양의 창화를, 네 모서리에는 각화를, 나머지 칸에는 각각 다른 창화를 붙여서 정사각형 모양을 만드는데 이는 혼례 때 만드는 36칸 격자창 무늬, 팔괘창(八卦窗)과 흡사하다. 여기에 사용하는 전지는 이룡희주(二龍戱珠), 봉황희목단(鳳凰戱牡丹), 금종구합마(金鍾扣蛤蟆)가 있다. 녹학동춘(鹿鶴同春), 사반토(蛇盤兎), 응답토(鷹踏兎), 요생호양조타선(龍生虎养雕打扇), 녹아함초(鹿兒銜草), 사자곤수구(獅子滚綉球), 계함어(鷄銜魚), 서교천개(鼠咬天開), 완석류(碗石榴), 합마구완(蛤蟆扣碗), 대어구완(對魚扣碗), 대호구완(對虎扣碗), 대아구완(對蛾扣碗), 신어병(神魚瓶), 대호병(對虎瓶), 팔괘어(八卦魚), 녹두화(鹿頭花), 사반구과단(蛇盤九顆蛋), 보호로(寶葫蘆), 쌍호로(雙葫蘆), 합마포전(蛤蟆抱磚) 등의 기하 기호 전지의 변체로 생생불식의 대천세계를 구성한다. 동굴집 안을 살펴보면 침대 주변에는 항위화(炕圍花)[16], 찬장에는 완가운자(碗架雲子), 천장 중앙에는 봉황희목단(鳳凰戱牡丹) 같은 대형의 원형 전지가 붙어 있고, 모서리에는 각화를, 문미에는 손을 잡은 인형(拉手娃娃)이나 과자인형을 붙여 놓았다.

황하 하류 산동의 춘절 창화의 특징은 황토 고원과 다르다. 이곳에서 전지의 주제는 어항과 물병에서 자란 생명의 꽃으로 문미에 대야나 물병에 꽂혀 있는 생명의 나무나 꽃을 주제로 하는 다섯 폭짜리 전지가 붙어 있다. 황하 중상류에서 볼 수 없었던 이런 하류 지역의

* **圓天旋轉**: 둥근 하늘의 회전

춘절 창화(하북 위현

전지는 강소 북부를 지나 장강 유역까지 볼 수 있다.

현대인들은 춘절 때 '복(福)'자 전지를 거꾸로 붙여 놓고(福倒) '복이 왔다(福到)'라고 말한다. '복'자를 거꾸로 붙여 놓는 것은 생생불식의 순환을 의미한다.

춘절 때 내몽고(內蒙古)에서는 문에 대녹(對鹿), 대계(對鷄) 전지를, 섬서(陝西) 관중(關中)에서는 대호(對虎)를, 하남에서는 대후(對猴), 대우(對牛)나 금소를 타고 가는 한 쌍의 조계 인형 전지를 붙인다. 이렇게 제사 때 쓰는 누런 종이로 그 지역의 토템이나 신기 동물을 만드는 것은 가족을 보호하고 액을 막기 위한 것이다.

춘절은 새로운 시작이다. 춘절이 되면 집집마다 채색 목판 연화(年畵)를 새로 붙인다. 중국 민간에는 만물에 영혼이 있다는 '다신론'이 전래되고 있고 민간미술 작품 중에서도 이런 현상을 볼 수 있다. 춘절이 되면 사람들은 각종 수호신이 그려진 판화를 붙인다. 먼저 음력

좌 춘절에 문에 거는 커튼식 전지와 문신 목판 연화(산동(山東) 담성(郯城))

우상 춘절에 '부뚜막 신'에게 바치는 전지(섬서 연천)

우하 춘절에 '우물 신'에게 바치는 목판 연화(섬서 봉상)

상좌 춘절 목판 갑마(운남 검천(劍川))

상우 목판 연화 마작가녀(麻雀嫁女)(사천 면죽(綿竹))

하좌 삼족섬등(감숙 용현(隴顯))

하우 조계인형등(抓髻娃娃燈)(섬서 연천)

섣달 23일에 온 가족이 모여 부뚜막 신에게 제사를 올린 후 1년 동안 붙어 있던 부엌 신이 그려진 판화를 뗀다. 그런 다음 29일 새 판화를 붙이고 부뚜막 벽감(壁龕)*에 제물을 바친다. 대문 양쪽에 문신(門神)**인 신도(神荼)와 울률(郁壘)이 그려진 판화를 붙이는데, 이들은 사람에게 해를 끼치는 악귀가 출입하는 것을 잡아 호랑이에게 먹인다는 전설 속의 신이다. 때로는 당나라 명장인 진경(秦琼), 위지경덕(尉遲敬德)이 그려진 판화를 붙이기도 한다. 집 입구의 감실(龕室)***에는 토지신(土地神) 판화를, 마당의 감실에는 십방신(十方神) 판화를, 부뚜막 위에는 재신(財神) 판화를, 우물 위에는 우물신(井神) 판화를 붙인다. 운남 이(彝)족, 백(白)족의 민간 목판에 새긴 갑마(甲馬)[17]에는 각종 기

* **壁龕**: 장식을 목적으로 두꺼운 벽면을 파서 만든 움푹한 대

** **門神**: 문을 지켜서 불행이 들어오지 못하게 막아준다는 귀신

*** **龕室**: 신상(神像)이나 위패(位牌)를 모셔 두는 곳

북 귀주 묘채(苗寨) 춘절의 답청성회(踏青盛會)(귀주 적수(赤水))

능을 구비한 수백 개의 수호신 형상이 있다.

정월 초이레는 '인(人)'의 날이다. 이 날은 쥐가 시집가는 날로 여자들은 쥐를 피해 반짇고리와 아직 완성되지 않은 옷을 감춘다. 민간에서 쥐는 번식의 신이기 때문에 인의 날에 쥐가 시집가는 건 번식을 상징한다. 민간에서 유행하는 노서가녀(老鼠嫁女) 전지는 보통 정월 초이레에 집안에 붙인다. 새를 숭배하는 사천에서는 마작가녀(麻雀嫁女)라는 목판 연화를 붙이기도 한다.

원소절(元宵節)*에 각 가정에서 방등(方燈)**, 팔괘등(八卦燈)을 만들 때 등에 만채지(滿彩紙) 전지를 붙인다. 채등(彩燈)***의 종류는 다양한데 섬북의 삼족섬등(三足蟾燈)****, 조계왜왜등(抓髻娃娃燈), 팔괘등(八卦燈) 등 대부분 지역의 신기 동물과 생생불식의 기하 기호다. 장강 남쪽에서는 정월 초하루에서 보름까지 청나(請儺), 도나(跳儺), 송나신(送儺神) 등의 무속행사가 자주 열린다. 나반(儺班)은 나신묘(儺神廟)에서는 개광식(開光禮儀)을 거행한 후 얼굴에 나신(儺神) 분장을 한다. 묘족의 춘절 풍속 중 하나인 답청(踏青)에서는 젊은 남녀들이 민족의 토템 문화 기호와 생생불식을 대표하는 기하 기호가 수놓인 옷을 입고 호

* **元宵節**: 음력 정월 보름

** **方燈**: 사방등

*** **彩燈**: 장식용 채색 꽃등

**** **三足蟾燈**: 다리가 세 개인 두꺼비 모양의 등

로생(葫蘆笙)을 불며 흥겹게 노래하며 춤춘다. 이것은 과거 제사 문화에서 유래된 것이다.

청명절(淸明節)

청명절은 자연과 조상에게 제사를 올리는 명절로 제사는 중국 민간미술 작품 중 청명절과 관련된 주제다.

과거 농경사회에는 화전이 유행하였다. 봄은 초목이 싹트는 달로 인류는 자신의 생존을 위하여 자연을 보호하기 시작하였다. 『예기』 월령편에는 '천기가 하강하고 지기가 상승하면 천기가 화합하여 초목이 싹트면 왕이 농사를 명한다(是月也, 天氣下降, 地氣上騰, 天地和同, 草木萌動, 王命布農事)', '왕명으로 생육을 금지시켰다(命祀山林川澤, 犧牲勿用牝)', '벌목을 금지한다(禁止伐木)'라는 말이 있다. 사람들이 번식의 계절인 봄에 가축을 죽이거나 싹이 나는 나무를 꺾는 것을 막기 위하여 청명절에는 불 사용을 금지하고 모든 식품을 하루 전에 준비하게 하였다. 그래서 이 날을 한식(寒食)이라고도 한다. 이 날이 되면 집집마다 '한연(寒燕)'이라는 면마면화(面饃面花)를 만들어 버들가지와 대

좌 동굴집 안에 다는 한연(寒燕) 면화(섬서 연천)

우 연반(燕盤) 면화. 원반 회전무늬 테두리에 등을 입에 문 어미 제비 주변에 새끼 제비가 모여 있다(산서 중양(中陽)).

좌 묘족의 제사 때 청명두(靑明斗)를 조상의 무덤에 꽂아 놓은 풍경(귀주 적수)

우상 청명절 제사 때 조상의 무덤 위에 종이를 말아서 만든 홍화를 놓고 태양빛을 상징하는 오색 테이프로 장식한 것(섬서 연안(延安))

우하 만(滿)족의 제사 때 종이로 만든 불탁(佛托)을 무덤에 꽂은 풍경(요령(遼寧) 신빈(新賓))

추가지 위에 꽂아 천장에 걸어둔다. 이것은 봄이 되어 제비가 버드나무 가지에 돌아와 만물이 생동하는 것을 상징한다. 이 날은 어미 제비와 새끼 제비가 우주를 상징하는 원병에 내려앉은 모양의 연반(燕盤)이라는 면화도 만든다.

섬북에서는 청명절 제사를 지낼 때 서안 반파 유적지에서 출토된 6000년 전의 생생불식 어망 기호를 전지로 만들어 조상 무덤의 사방을 덮는다. 그런 다음 색종이로 '만(卍)'자를 접어서 묘지에 날린다. 동북(東北) 지역의 만(滿)족은 3마디로 된 대나무 장대 꼭대기에 태양을 상징하는 백화를 묶고 그 아래 사방으로 흩날리는 5색 테이프를 묶어 무덤에 꼽는다. 이 장대는 '불탁(佛托)'이라고 한다.

귀주 북쪽에 사는 묘족은 청명절 제사 때 종이를 자르고 묶어 청명두(清明斗)를 만들어 무덤에 꼽는다. 민간에서 두(斗)는 모체를 상징하는 것으로 부모는 1개, 조부는 2개, 3대 이상의 조상은 3개의 사용한다. 청명두의 3칸으로 되어 있는데 칸칸마다 3개의 방향으로 각 3개씩, 총 9개의 꽃가지가 꽂혀 있고 꼭대기의 백화 아래 색 테이프가 늘어져 있다. 청명두는 생명의 근원을, 그 위에 있는 9개의 가지와 꽃은 생명나무를 의미한다.

단오절(端午節)

단오절은 토템 신앙의 명절이다. 음력 5월 초닷새가 다가오면 날씨가 무덥고 전염병이 횡행하여 사람들의 생명을 위협한다. 사람들은 전염병을 물리치기 위하여 신기 식물과 동물의 형상을 만들어 문에 걸거나 몸에 지니고 다녔다. 생생불식의 생명의식은 중국 민간미술 작품에서 볼 수 있는 단오절 관련 주제이며 신기 동식물과 민간에 전해 내려오는 채색 기하 무늬가 예술적 형태를 갖추었다.

고대 중국에서는 쑥을 여름철 질병과 재앙을 막는 약초, 신초(神草)로 간주하기 때문에 쑥을 불사초로 숭배하였다. 지방지(地方志)에 따르면 '단오절에는 창포로 머리 감고 쑥을 문 옆에 걸어놓고 불길한 기운을 배척한다(端午日用菖蒲, 艾子插于門旁, 以攘不祥)', '단오절에 쑥을 몸에 지니면 병을 제거할 수 있다(端午戴艾叶, 日去疾)', '단오절에 창포와 쑥으로 소를 만들어 문에 걸어두면 병을 물리칠 수 있다(端午日用蒲艾紙牛貼門, 名曰鎮病)', '5월에는 집집마다 붉은색 부적을 걸어놓고 창포로 용, 쑥으로 호랑이를 만들어 꽂고 창문에는 홍색 종이로 만든 호리병을 붙였다. 어린이와 부녀자들은 종이로 '복'자를 만들고 비단으로 건인, 각서(角黍)*, 마늘, 오독 등을 만들어 붉은 호리병에 꽂고 아이들이 몸에 지니면 여름철 악귀를 피할 수 있다(五月, 家家悬朱符, 插蒲龍艾虎, 窗牖貼紅紙吉祥葫蘆. 幼女剪叠福, 用帛輯縫老健人, 角黍, 蒜頭, 五毒老虎

* **角黍**: 갈대잎으로 싼 삼각 모양의 찹쌀밥

等式, 抽作大紅朱葫蘆, 小兒佩之, 宜夏避恶)' 중국의 고서와 지방지에 적혀 내려오는 이런 민속 풍습은 지금까지 단오절 민간미술 활동에 광범위하게 적용된다.

필자가 민속 고찰 활동을 할 당시 귀주 북쪽에서는 5월 단오절에 쑥으로 개를 만들어 문미에 걸어놓는데 해마다 그 위에 쑥을 추가하다보니 몇 년이 지나 2m 정도까지 길어진 것을 보았다. 이곳에서는 한족, 묘족 모두 쑥으로 만든 개를 걸어놓는다. 아이가 아플 때 이 개의 꼬리에서 쑥을 채취해 물에 넣고 끓이면 역병을 치료할 수 있다고 말한다. 호랑이를 숭배하는 섬서에서도 단오절에 쑥호랑이를 문미에 걸어놓았는데 지금은 천으로 호랑이를 만든 후 그 속에 쑥을 채워 아이의 몸에 달아주며 아이의 건강을 기원한다. 이 호랑이는 모양이 귀여워서 '애호(愛虎)'라고도 부른다. 또한 쑥을 가득 채운 작은 호랑이와 닭을 아이의 양쪽 어깨에 각각 달아주는데 민속에서는 이를 보고 '닭이 너를 입에 물고 고양이(호랑이)가 널 보호하고 있다(鷄嗛(口含)你, 猫(虎)看(守着)你)'라고 말한다.

감숙 용동에서 섬서 관중평원까지의 사람들은 단오절 때 개구리, 호랑이, 오독(뱀, 전갈, 도마뱀, 갑충, 지네)을 제압하는 조끼를 입는다. 아

좌 5월 단오절에 액막이를 위하여 집집마다 붙이는 팔괘호로(八卦葫蘆) 전지(산서 교성(交城))

우 단오절에 문 앞에 붙이는 쑥(귀주 송도)

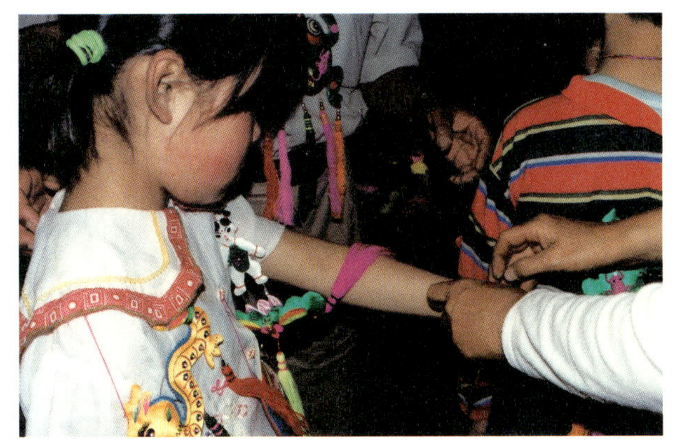

좌 단오절에 엄마가 아이에게 향낭을 걸어주는 풍경(감숙 정녕)

우 전염병을 막는 오독 조끼(섬서 천양)

이들 등에 쑥이 든 뱀, 개구리, 게(다리가 사방으로 뻗어 있어 태양을 상징) 모양의 향낭을 달고 그 아래에 오독 장식을 늘어뜨린다. 몸 앞에는 뱀, 원숭이, 쥐, 용, 말, 소 등의 신기 동물과 호박, 팔쪽 마늘, 포도, 호두, 동부 등의 신기 식물 모양의 쑥 향낭을 달아준다. 이 외에도 팔괘거울(八卦鏡), 팔각(八角), 각서(角黍), 종자(粽子), 지갑, 폭죽(爆竹), 서갑(書匣), 부채 등의 생명 기호를 상징하는 쑥 향낭이 있는데 디자인이 다양하고 생동감 있다. 특히 용동, 경양, 정녕 일대에서 유행하는 '철철(綴綴)'이라는 향낭은 천 조각으로 과일과 동물을 만든 것인데 디자인이 간결하고 특징을 잘 묘사하여 그 예술적 임의성은 모양이 복잡한 자수 향낭보다 훨씬 뛰어나다.

산서 안북(雁北) 거용관(居庸關) 일대에서는 단오절에 액을 막기 위하여 집 문미 가운데 종이로 만든 부적을 붙이는데 초타부(草垜符)*와 은정부(銀錠符)** 두 가지가 있다. 은정부는 몸에 지닐 수 있는데 3세 이하는 어깨에 달고, 5세 이상은 등에 달며 여자아이가 머리를 땋게 되면 머리에 꽂는다. 문에 붙이는 부적이든 몸에 붙이는 부적이든 모두 쑥을 꽂아 액을 막는다.

단오절이 되면 민간에서는 종자(粽子)를 먹는다. 종려나무 잎으로 찹쌀, 콩, 대추 등을 싸서 찐 음식으로 육각형 모양이다. 단오절에 사

* **草垜符**: 풀모양 부적

** **銀錠符**: 말굽 모양 부적

상좌 초타부(草垜符)(산서 대현(代縣))
상우 은정부(銀錠符)(산서 대현)
하 종자 향낭(감숙 정녕)

람들이 몸에 지니는 향낭 중 가장 중요한 것이 오색 테이프로 육면체를 둘러싼 '종자'라는 향낭인데 남색, 홍색, 흰색, 황색, 흑색 테이프로 만들기 때문에 매우 화려하다. 남색은 봄, 홍색은 여름, 흰색은 6월, 황색은 가을, 흑색은 겨울로 4계절을 상징하는 것이다. 홍색, 황색, 남색, 백색, 흑색은 중국인의 우주 색채 관념 체계를 구성한다.

단오절에 사람들이 보호신으로 몸에 지니는 5색 향낭의 동물은 선초(仙草)를 입에 물고 있는 신기동물이다. 중국 민간전지와 자수 중 풀을 입에 물고 있는 동물은 모두 신기동물이다. 어함초(魚銜草)[18], 계함초(鷄銜草)[19], 녹함초(鹿銜草)[20], 토함초(兎銜草)[21], 양함초(羊銜草)[22], 호함초(虎銜草)[23], 사함초(蛇銜草)[24] 등이 가장 흔하다. 지역적 특징을 갖고 있는 선초 동물은 그 지역의 동물 숭배와 관련 있다. 쑥 다음으로 신성시되는 식물은 영지로 녹함 영지(鹿銜靈芝)[25], 호함 영지(虎銜靈芝)[26], 사함 영지(蛇銜靈芝)[27] 등 영지를 물고 있는 동물이다. 중국 민간미술 중 사함 애초(蛇銜艾草)[28]의 원형은 산서 양분(襄汾) 도사(陶寺)의 하허(夏墟) 유적지에서 출토된

진오독(鎭五毒) 향낭

상좌 철철 호랑이 향낭(감숙 경양)

상우 마늘 향낭(감숙 정녕)

중좌 호리병 향낭(감숙 정녕)

중우 쑥 향낭(감숙 정녕)

하 팔괘 향낭(감숙 경양)

상좌 오독 중 거미 향낭(감숙 정녕)

상중 오독 중 도마뱀 향낭(감숙 정녕)

상우 오독 중 개구리 향낭(감숙 정녕)

하좌 오독 중 갑충 향낭(감숙 정녕)

하중 팔괘경(八卦鏡) 향낭

하우 게 향낭

5000년 전의 사구함초(蛇口銜草) 접시로 거슬러 올라갈 수 있다. 이 접시 위에 뱀의 입에 있는 것이 바로 쑥이다. 오늘날 이 일대에서는 광범위하게 전래되는 민간전지 사반토, 사함초에 있는 뱀 입에 있는 것도 쑥이다.

용은 중화 민족 전체의 토템이고 단오절은 민족의 토템 명절이다. 장강 유역, 특히 장강 중류의 호남, 호북 지역에서 해마다 단오절에 열리는 용주(龍舟) 시합과 전국적으로 열리는 용춤, 사자춤(호랑이의 변체)은 중요한 문화적 가치를 가진다.

중추절(中秋節)

중국 민간에는 춘기추보(春祈秋报)가 있다. 춘기(春祈)*는 태양신을 위주로 하는 천지의 많은 신을 받아들이는 행사이고 추보(秋报)는 1년 농사가 끝난 후 대지의 어머니께 감사하는 것으로 대지, 모체, 달에 대한 제사이자 모계 씨족사회의 인문 문화가 축적된 것이다. 민간에서는 중추절에 월병(月餅)을 먹는다. 월병 만드는 나무틀의 도안은 매우 다양하여 쌍어상교(雙魚相交), 조계 인형뿐 아니라 사라수(娑羅樹), 생명의 나무, 광한궁(廣寒宮)** 옥토끼 등의 신화도 있다.

제월(祭月) 풍속은 지역마다 다른데 필자가 본 것 중 가장 성대한 것은 산서 진중(晋中)과 여량(呂梁) 일대다. 진중 대(代)현에서는 마당에 탁자를 놓고 모체를 상징하는 과일과 향을 피운 후 월신(月神)에게 제를 올린다. 특이한 것은 탁자 가운데 있는 직경 1m의 거대한 원병이다. 연꽃잎처럼 뻗어나가는 원병은 후흘도(猴吃桃) 등 번식의 의미가 있는 채색 면화로 장식하고 연꽃잎 사이에 번식을 상징하는 대추를 끼워놓는다. 여기에서 이 원병이 연꽃으로 달과 모체를 비유하여 풍년과 가족의 번창을 기원한다는 것을 쉽게 알 수 있다.

고대 중국의 민간고사와 출토물에서 태양은 금조(金鳥)나 부상수

* **春祈**: 봄에 풍년이 들기를 비는 것

** **廣寒宮**: 달 속에 있다는 가상의 궁전

중추절 월병 나무틀의 사라수(沙羅樹), 광한궁(廣寒宮)과 약을 빻는 옥토끼(섬서 직산(稷山))

좌 중추절 제월(祭月)(산서 대현)

우 중추절 제월의 면화 예마(산서 대현, 촬영 교효광)

(扶桑樹)*와 함께, 달은 두꺼비, 옥토끼, 계수나무, 사라수 등과 함께 등장한다. 이는 동쪽에서 떠서 서쪽으로 지는 생생불식의 관념으로 인류의 생명의식을 반영한다. 달의 중앙에 있는 두꺼비와 약을 빻는 사발은 모체 기호다. 토끼는 번식의 신을 의미하는 기호이고 계수나무, 사라수는 생명의 나무인 약목(若木)의 부호다. 이런 기호로 구성된 신화 이야기에서는 달에 제사 지내는 내용을 쉽게 볼 수 있다. 이것도 중추절 민간미술 작품의 주제다.

중화민족은 여러 민족으로 구성되어 있고 각 민족은 다양한 풍속을 갖고 있다. 예를 들어 묘족의 추우(椎牛)제, 이(彝)족과 백(白)족의 화파절(火把節), 요(瑤)족의 반왕절(盤王節)과 장력년절(藏历年節), 몽고(蒙古)족의 오포제(敖包祭), 대만 배만(排灣)족의 풍년제(豊年祭), 복건(福建)성의 제마조(祭媽祖) 등이 있는데 이런 풍습은 모두 민족과 지역성 민간미술의 형식이다.

---

* **扶桑樹**: 중국 고대 신화에서 동해에 있다고 하는 신목(神木)으로, 여기에서 해가 뜬다고 한다. 고서에 보면 태양은 동쪽의 부상에서 뜨고 서쪽의 약목으로 진다고 기록되어 있다.

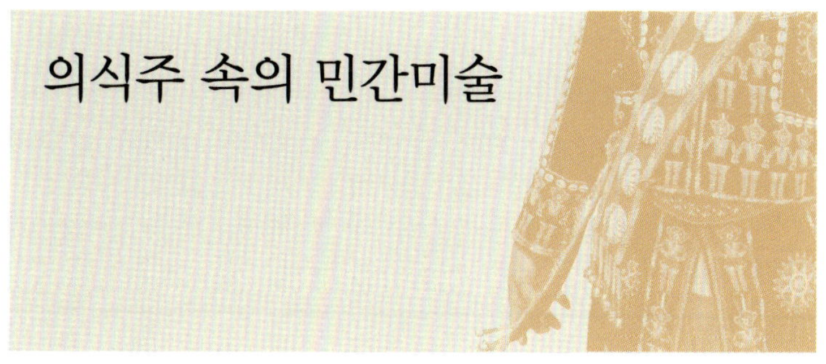

의식주 속의 민간미술

거주

중국의 민간 건축에서도 중국 본원 철학의 관념을 볼 수 있다. 중국 민가 건축의 기본 양식은 횡향(橫向)의 오행팔괘(五行八卦)와 오행팔괘 회전관, 종향(縱向)의 통천관(通天觀)과 음양상합(陰陽相合) 통천관이다. 어떤 재료든, 어떤 방식이든 상관없이 건축은 우주를 의미하고 집에 사는 것은 내가 중심이 되는 우주 모체에 사는 것이며 집을 드나드는 것은 모체를 드나드는 것이다. 구조 외에 장식성 건축도 이런 관념을 보여준다.

횡향의 오행팔괘 건축 양식 북쪽의 정원을 중심으로 하는 벽돌 목조 구조의 사합원(四合院)이나 남쪽의 천장을 중심으로 하는 난간식 민가 건축이든 모두 나를 중심으로 하는 사방오행(四方五行) 우주관을 나타내는 철학 기호다. 하지만 북쪽 사합원의 가림벽(影壁), 운남 대리 백족의 중앙 천정을 중심으로 하는 '삼방일조벽(三坊一照壁)'의 조벽(照壁)*은 회전하는 벽돌로 구성된 생생불식의 철학적 기호다.

종향의 통천관 건축 양식 민가의 목조 구조 회랑의 특징인 통천주(通天柱)에서 통천관을 확실히 볼 수 있다. 주춧돌이 땅이고 대들보가 하늘인 기둥은 통천통지(通天通地)의 기호다. 주초(柱礎)는 석고(石鼓), 금과

* 照壁: 밖에서 대문 안이 들여다보이지 않도록 대문을 가린 벽

호북(湖北) 악성(鄂城)에서 출토된 삼국 시대 부장품 중의 도자기로 만든 정원 모형. 중국 고대 횡향 오행팔괘 문가 건축 모델을 볼 수 있다.

* **四叶花苞萬年青**: 잎이 네 개인 만년청

(金瓜) 등 생명의 근원을 나타내는 모체 상징물이다.

중국 문가 건축의 음양상합 통천관은 '천척(天脊)'이라는 지붕의 등마루에서 음양이 서로 교차하는 것으로 표현된다. 이것과 토템관이 결합한 것이 바로 음양을 의미하는 두 마리 용이 천척에서 교미하는 것이다. 민가가 완성되는 마지막 단계는 두 마리 용이 천척에서 상교하는 합룡구(合龍口)인데 이날 성대한 제사를 올린다. 합룡구의 용 입에 태극팔괘도(太极八卦圖)를 붙이고 젓가락 두 개를 서로 교차하여 생생불식의 철학적 기호를 구성하는데 그 가운데가 바로 태양을 상징하는 흑색의 포대계(布袋鶏)다.

양쪽에 있는 '인(人)'자는 하늘로 통하는 천척을 나타낸다. 북쪽의 물고기와 용을 숭배하는 지역에서는 음과 양을 상징하는 두 마리 용이 천척에서 교미하고 남쪽의 봉황을 숭배하는 지역에서는 봉황이 천척에서 교차한다. 호랑이를 숭배하는 운남의 이족, 백족 지역에서는 음양을 상징하는 호랑이가 천척에서 교차하며 공작과 코끼리를 숭배하는 태족 지역에서는 공작이나 코끼리 머리와 공작 꼬리가 천척에서 교차한다. 천척의 가운데 있는 '중화(中花)'라는 장식성 기호는 중국 건축문화의 기호가 되었다.

상 운남 곤명(昆明)의 나를 중심으로 하는 오행우주관 사합천정(四合天井) 민가 건축 모델

하 중국 민가 측면의 음양상교 통천 관념의 문화 기호(하남 등봉(登封))

중화의 변체는 매우 다양하다. 장강 유역에서는 대부분이 구와(扣瓦)로 구성된 사엽화포만년청(四叶花苞萬年青)*인데 그 원형은 하모도(河姆渡) 문화 난간식 건축의 천척 가운데 있는 사엽화포만년청 도자기 조각으로 7000년 동안 전래되어 왔다. 안휘, 강서, 호남, 사천, 귀주, 운남의 중화는 벽돌 3개나 기와 3개로 '품(品)'자

좌 운남 서쌍판납의 공작토템의 태족 건축의 음양 공작이 상교통천하는 건축 기호

우 운남 대리(大理) 호랑이 토템의 백족 건축. 음양쌍호 쌍교통천의 처마가 올라간 민가

를 만들기 때문에 '삼자타자(三字垛子)', '삼모정(三帽頂)'이라 하는데 민간에서는 이것을 지붕에 놓으면 액을 막아 1년 내내 평안할 수 있다고 생각한다. 중화에는 엽전형, 호리병형 등이 있다. 흑호(黑虎), 백호(白虎)를 숭배하는 운남성 초웅(楚雄)과 대리의 이족, 백족은 천척 가운데의 중화 위치에 와묘(瓦猫)* 부적을 설치하는데 이는 이 지역 문가 건축 미술장식의 특색이다.

안휘에서 새로 발견된 선박형의 문가 건축 평면 배치는 일종의 규형(圭形) 기호로 가족의 번영과 생생불식을 상징한다. 규형 기호는 원래 종향 통천관의 철학적 기호로 중국 문가 건축에서 종향 통천 기호가 횡향 통천 기호로 변화한 경우는 아주 드물다.

북쪽에서 남쪽까지 벽돌 구조와 난간식 문가 건축의 문과 창문 도안은 매우 다양한데 이는 모두 문화 기호의 다양한 변체(變體)**이다. 남쪽의 대표적인 절강, 복건, 강서, 안휘의 민가와 북쪽의 대표적인 산서 민가는 문과 창문의 목조 장식물과 내용이 다양하고 기술도 매우 뛰어나다. 이것은 전조(磚雕), 석조(石雕) 건축 장식과 함께 문가 건축 장식 조각의 민간미술 체계를 형성하였다.

북쪽 황토고원의 동굴집 천정은 하늘을 의미하는 아치형이고 바닥

* **瓦猫**: 지붕에 설치하는 고양이 모양 기와

** **變體**: 본래의 모습이나 체재가 변하여 달라진 것

36칸 격자무늬 전지

은 땅을 의미하는 정방형으로 천지가 서로 통하는 우주 모체 속에서 인간이 거주한다는 의미다. 정면의 문은 아치형 목조 구조로 횡목 위는 하늘, 가운데는 격자무늬의 천창(天窗)이고 좌우는 생생불식의 마름모형이다. 횡목 아래는 36칸의 우주 기호다. 춘절에 천창 중앙에는 '전화(轉花)'라는 붉은색 전지를, 36칸의 가운데는 토템 동물을, 네 모서리에는 각화를 붙여서 우주의 생생불식을 상징하는 36칸 격자무늬를 만드는데 이것이 바로 문가 건축의 관념을 요약한 것이다. 동굴집 문에도 기호 장식을 첨가하는데 아래의 문동(門棟)은 땅, 문미의 횡목은 하늘, 횡목 위에는 해와 달을 상징하는 원형의 회전 무늬가 두드러진 두 개의 장식을 추가한다. 입구 좌우에는 토템 동물 문둔테*가 설치되어 있다. 또한 동굴을 파야 하기 때문에 위치를 마음대로 선택하기가 힘들다. 민간에서는 동굴집 건너편 산의 형태가 불규칙하면 불길하다고 생각했기 때문에 주인은 긴 돌에 구멍을 뚫어서 문 앞에 세워놓는데 민간미술에서 이 돌이 악귀를 몰아내는 기호라고 생각한다. 나중에 이 구멍에 노루나 말 같은 가축을 묶어놓았기 때문에 '전마장(拴馬桩)'이라고 부르지만 사실 원래 기능은 가축을 묶는 것이 아니라 액을 막는 것이었다. 이 돌 위에 팔만진보(八蠻進寶)[29]와 후흘도(猴吃桃) 등 상서로운 내용의 도안을 새겼는데 그 풍부한 변체와 소탈하고 호방한 예술적 기풍은 민간미술 전마장 시리즈를 형성하였다.

섬북에서는 새 동굴집을 완성하면 액을 막는 각종 부적을 동굴집 꼭대기에 붙인다. 도교에서 전래된 이런 기호들은 중국 본원 철학의 도교화된 기호이고 다른 기능의 기호는 민간미술의 일부분이다.

* 문장부를 끼는 구멍이 뚫린 나무. 주로 두꺼운 널빤지로 되어 있다.

황토고원의 동굴집 건축(섬서 수덕(綏德))

몽고포(蒙古包)*와 궁륭(穹窿)** 천장의 햇볕이 사방으로 쏟아지는 회전 기호(내몽고 포두)

음식

중국 본원 철학의 관념은 음식 문화에도 잘 표현되어 있다. 본원 철학의 형태는 두 가지인데 하나는 기하 형태이고 하나는 동물을 위주로 하는 자연 형태다.

먼저 기하 형태의 철학 기호에 대하여 알아보자. 탄생의 주제인 '인간은 어디에서 왔는가?'라는 질문의 답은 인류 만물을 품고 있는 우주 모체에서 왔다는 것이다. 그럼 우주 모체는 어떤 형태일까? 중국인은 우주를 콩을 품고 있는 천원지방(天圓地方)*** 형태의 만두라고 생각했다. 그래서 안에 콩을 넣은 '혼돈(만두국 혼돈(餛飩)과 발음이 같음)'이라는 예마를 만들었다. 또한 혼례의 주제인 남녀상교, 음양상합에서 인류 만물이 탄생할 수 있기 때문에 곡권(谷卷)을 주는데 곡권의 형태가 음양상교의 기하 기호이고 그 속에 들어 있는 대추가 바로 화생한 인류 만물인 것이다. 이 모든 것이 지난 수천 년 동안 중국인들이 사용한 기하 기호다. 죽음의 주제인 '어디로 돌아가느냐?'라는 질문의 답은 바로 혼돈우주로 돌아간다는 것이다. 혼돈 우주를 상징하는 혼돈이라는 큰 만두를 만들어서 선물한다. 이 만두 속에는 콩이

* **蒙古包**: 몽고 전통 가옥

** **穹窿**: 한가운데는 높고 사방 주위는 점점 낮아지는 하늘 형상

*** **天圓地方**: 하늘은 둥글고 땅은 네모지다 뜻

없다. 하지만 둥근 혼돈의 중심에 태양 기호인 홍점(紅點), 홍화(紅花)나 태양 회전의 기호를 그렸다. 춘절에는 천기가 하강하고 지기가 상승하여 천지가 교합하여 대지에 봄이 돌아오는데 이 춘절의 식품이 바로 만두(餃子)*와 합자(合子)다.

* 餃子: 교합하다는 뜻의 '교자(交子)'와 발음이 같다.

중국 음식 문화의 또 다른 예술 형태는 토템 동물의 자연 형태를 위주로 하는 철학적 기호로 표현하는 것이다. 물고기와 개구리 숭배 지역에서는 음양 물고기와 개구리가 교합한 모체에서 인간이 태어났다고 생각하기 때문에 명절 때 두 마리 물고기가 교합하는 예마를 선

상좌 춘절 조산(棗山) 면화(산서 중양)

상우 면화를 만드는 과정

하 가정주부가 음양쌍양 예마를 만들고 있다(하북 자현).

물한다. 호랑이 숭배 지역에서는 두 마리 호랑이가 교합하는 예마를 선물하거나 천지의 결합을 상징하는 호두용신어미(虎頭龍身魚尾)[30] 예마를 선물한다. 양 숭배 지역에서는 쌍양상교와 삼양개태 예모를 선물한다. 혼례 때 음식도 마찬가지다.

면화는 뱃속에 들어간 자연 형태와 기하 무늬 형태의 보호신과 번식의 신이다. 면화는 집에서 먹는 것이든 친척에게 선물로 주는 것이든 모두 스스로 만든다. 하북 자(磁)현에서는 송양절(送羊節)에 면양을 선물하는데 '머리와 다리를 먹으면 온 가족이 99세까지 산다'고 말한다. 여기에서 액을 막고 온 가족의 무병장수를 위하여 면양을 먹는다는 것을 알 수 있다.

좌상 춘절에 먹는 교자와 혼돈

좌하 혼돈과 곡권

우 대과회(大鍋盔). 산동의 특색 식품, 태양 회전 기호로 장식되어 있다.

춘절에는 온 가족이 모여 상징적 의미가 있는 면화를 먹으며 장수와 풍년을 기원한다. 봄철 쟁기질을 시작할 때는 면화를 잘라 땅에 묻는데 이는 풍년을 기원하기 위하여 토지신에게 면화를 바치는 것이다. 청명절에는 면화를 쪄서 제사 지내는데 이는 조상에 대한 그리움을 표현하고 하늘에 있는 조상의 영혼을 기리며 후손의 안녕과 가정의 번영을 위한 것이다. 이런 면화 예마는 식구들이 먹는 것이기 때문에 색을 입히지 않고 단지 면화 위에 붉은 점이

나 꽃을 추가한다. 이는 일종의 기호이면서 보기 좋게 하기 위한 것이다. 하지만 산서 대현의 청명절 한연과 산동 관(冠)현의 면화 등 일부 지방에서는 가족 면화에 색칠하는 대신 식용으로 사용하지 않는다.

음식문화 속의 민간미술 작품은 조상이나 신에게 제사 지낼 때 사용되는 것인데 이것이 바로 진정한 의미의 예마다. 예를 들어 1년에 한 번 있는 제황제능(祭黃帝陵), 제관제(祭關帝) 등이다. 이렇게 제사 때 쓰는 예마는 식용으로 사용하지 않으며 색채가 화려하고 기술이 정교하다. 같은 기능을 가진 식품 중 장(藏)족의 수유화(酥油花)는 응고한 수유(酥油)로 인물, 동물, 식물, 종교적 사건을 표현하는 것으로 조각이 매우 섬세하고 색이 화려하다. 서장(西藏)의 포탈라궁, 청해(青海)의 타얼스, 납복능(拉蔔楞)사, 내몽고(內蒙古)의 미대소(美岱召), 북경(北京)의 용화궁(雍和宮) 등 라마 불교의 제사에 이런 수유화가 자주 사용된다.

제사를 지낼 때 사용하는 예마
(감숙 안양(安陽))

명절 풍습 중 '연반(燕盤)'이라고 부르는 예마가 있는데 상, 중, 하 3층의 원병에 층마다 대추를 한 층씩 끼워넣는 형태다. 어떤 것은 중과 하 사이에 한 층의 대추와 한 층의 계란을 넣기도 한다. 연반은 춘절에 사용하는 것으로 봄에 제비가 돌아올 때를 대비하여 제비에게 집을 지어준다는 뜻이다. 3층의 원병은 하늘, 땅, 사람을 상징하고 대추와 계란은 모두 풍년과 자손의 번식을 의미한다.

섬북 연안과 안새 일대에서는 춘절에 신에게 제사 지낼 때 사용되는 면화 예마를 '조산(棗山)'이라고 하는데, 이는 밀가루 반죽을 돌돌 말아 그 가운데 대추를 끼워 만든 사반단(蛇盤蛋)으로 풍년과 후손의 번영을 상징한다. 산서 중양의 춘절 조산은 한 쌍의 남녀 조계인형인데 이는 전설에 나오는 중화민족의 시조 복의(伏羲)와 여와(女媧)를 상징한다.

복식

민간 복식의 자수도 중국 본원 철학을 내포한 미술 작품이다. 사람의 몸은 우주를 표현한다. 머리는 하늘, 다리는 땅, 단전(丹田)은 몸 가운데다. 이것이 바로 우리가 중국 복식문화의 의미를 이해하는 열쇠다.

민간 복식도 입는 철학 기호로 볼 수 있다. 섬북 낙천에서는 혼례 이틀 후 신부가 밥할 때 입는 '습군(褶裙)'이라는 주름치마의 허리 부분 자수공예를 사람들에게 보여준다. 이 치마의 허리 부분은 음양 호랑이의 머리와 돼지 머리, 물고기 머리가 서로 교차되어 있는 쌍두상교(雙頭相交) 도안이다. 감숙 용동평원, 섬서 관중평원, 산서 진남평원 일대의 호랑이를 숭배하는 한족과 호가(虎家)족 지역에서는 노호진오독(老虎鎮五毒)* 조끼를 입고 호랑이 모자를 쓰고 호랑이 신발을 신고 호랑이 복대를 두른다. 또한 호랑이 베개를 베고 호랑이 이불을 깔고 문 위에는 호랑이가 하산하는 그림의 문발을 걸며 호랑이가 염색된

* **老虎鎮五毒**: 호랑이가 오독을 진압한다는 의미

민족 여자 영웅 '무막석(務莫席)'을 그린 묘족 복식 자수의 전지 밑그림(귀주 태강(台江))

보자기를 사용한다. 여기에서 그들이 호가족의 자손임을 알 수 있다.

귀주 황평(黃平)의 흘로(仡佬)족 복식에 '수수모(須須帽)'라는 모자가 있다. 이것은 원형의 태양관(太陽冠)으로 태양빛이 사방으로 비치는 것을 묘사하였기 때문에 '수수모'라고 하는데 가운데는 태양을 향해 쏜 화살의 형태다. 하의 백색 치마가 밖으로 펴졌을 때 위에서 내려다보면 붉은색 태양을 중심으로 빛이 사방으로 비추는 태양직관(太陽直觀) 기호가 보인다. 흘가(仡家) 여자들은 자신들의 복장을 이렇게 설명한다. 모자는 태양을 의미하며 그 가운데는 활이다. 옛날 하늘에 13개의 태양과 달이 있어서 사람들이 살 수가 없었는데 흘가인(仡家人)이 은으로 만든 화살로 12개의 태양과 달을 쏴버려 한 개의 태양과 달이 남게 되었다. 그것을 기념하기 위해 이 옷을 만들어 입었다.

귀주 묘족 여성의 태양우각은관(太陽牛角銀冠)

귀주 동쪽 남묘채(南苗寨)의 묘가(苗家) 여자들은 태양 숭배와 소 숭배의 결합을 표현한 은질통천관(銀質通天冠)을 머리에 쓴다. 하의는 사방으로 비치는 태양빛을 의미하는 주름치마다. 묘가 자수에는 평수(平綉), 타결수(打結綉), 타자수(打子綉), 추수(縐綉), 변수(辮綉) 등 바느질 방법이 다양하다. 소매에는 평수를 많이 사용하고 깃에는 절첩첩능(折疊貼綾)이 사용되며 허리에는 직수(織綉)도 사용한다. 중요한 것은 묘족의 계파마다 민족 복장은 다르지만 민족의 기본적 식별표시인 자수는 함부로 바꿀 수 없다는 것이다. 심지어 자수를 놓을 때 바늘의 방향도 함부로 할 수 없다. 주름치마 아래쪽에 3개의 가로 선이 있는데 여기에는 아래와 같은 전설이 있다. 옛날 묘족의 조상인 치우(蚩尤)가 염제(炎帝)와 황제(黃帝)의 연합군과 싸워서 패하자 후손에게 민족의 치욕을 기억하게 하기 위하여 치마 위에 수를 놓았다. 이 3개의 선은 치우가 남쪽으로 도주할 때의 노선인데 위에서 첫 번째는 황하, 두 번째는 장강, 세 번째는 원강(沅江)이다.

상 묘족의 백습군(百褶裙)의 태양 기호를 위에서 내려다본 모양(귀주)

하좌 묘족 부녀 복식 자수 묘족고가(苗族古歌)(귀주 개리(凱里))

하우 백습군(百褶裙)을 입고 수수모를 쓴 흘로족을 위에서 내려다본 모습(귀주 절평(節平))

즉 치우가 이 세 개의 강을 건너 귀주 묘채로 도망갔다는 의미다. 또한 녹색 바탕에 머리가 새인 용을 수놓은 '백조의(百鳥衣)'라는 옷에는 묘족의 신화가 적혀 있다. 묘가는 원래 나뭇잎이 주식이었는데 나중에 조상인 조타(鳥馱)가 하늘에 올라가 곡식의 종자를 가져온 후에 농사를 짓게 되었다. 묘족 여성들은 자신들의 옷에 각종 자수법으로 창세기에서 민족의 탄생까지의 신화인 '묘족고가(苗族古歌)'를 수놓았다. 이런 자수 작품은 정교함과 아름다움에서 중국 민간미술 자수 예술 중 걸작으로 꼽힌다.

중국 서남(西南) 지역 흑호(黑虎) 토템 태양 숭배의 이족은 흑색을 숭배하는 민족으로 흑색을 태양색으로 간주하였다. 여성은 치마, 남성은 바지를 입으며 이족의 신성 기호인 천보살(天菩薩)이라는 조천(朝天) 기호가 있는 두건을 썼다. 두건에 '인(人)'자 매듭을 매는 지역

좌 백족 납염 작품(운남 대리)

우 이족 여성 복식(운남 영랑(寧蒗))

납서족 여성 복식(운남 여강(麗江))

도 있고 회전 매듭을 매는 곳도 있다. 여자가 쓴 방형관(方形冠)의 가운데는 십자(十字) 회전 기호가 있다. 필자가 운남 영랑(寧蒗)현 대흥(大興)진 촌민의 옷과 담배주머니에서 본 '월추(月秋)'와 '화렴화(火镰花)'라는 자수는 호방하고 힘이 있으며 양기가 가득한 이족의 민족성을 대표하는 걸작이다. 이족의 의복과 생활도구에 많이 나타나는 이 문양은 서북 마가요에서 출토된 문물 기호와 통하는 점이 있다. 여기에서 볼 때 서남 산 지역의 이족은 옛날 서북에서 이주하였으며 그들도 역시 마가요 문화의 창조자라고 추정할 수 있다.

백호(白虎)를 숭배하는 백족의 관복은 백색 위주이고 자수, 매듭, 염색도 대부분 나비, 팔변화(八瓣花)*, 팔각(八角) 도안 등 태양 숭배 기호 위주다.

양을 숭배하는 납서(納西)족의 의복에서는 서북지역의 농업과 목축업 부락의 문화적 특징을 볼 수 있다. 여자는 머리에 남색의 둥근 두건을 두르고 가슴 앞에 천을 십자회전 모양으로 교차한다. 뒤에서 보면 하의는 흰 양가죽의 가장자리에 검은색 양털로 장식하고 그 위에 양머리를 수놓은 7개의 끈을 끼워놓는다.

---

* **八瓣花**: 꽃잎이 8개인 꽃

백족 복식(운남 대리)

대만 대무산(大武山)의 백보사(百步蛇)*를 숭배하는 배만(排灣)족과 노개(鲁凱)족 의복에도 특징이 있다. 전설에 따르면 배만족의 조상은 태양이 항아리 속에 낳은 알에서 태어났는데 그 항아리가 바로 대지(大地)이고 항아리 속의 암수 뱀이 알을 부화하여 배만족의 자손이 번식했다. 배만족은 풍년제(豊年祭)와 혼례에 참석할 때 반드시 민족 복장을 입어야 한다. 그들의 옷과 모자에는 백보사가 수놓아져 있는데 앞에서 보면 양쪽 어깨와 팔에 두 마리, 바지 양쪽 다리에도 각각 두 마리가 있다. 뒤에서 보면 상의 가운데는 그들의 인격화 조상신이 있고 좌우에는 머리를 태양 기호로 장식한 그들의 선조를 키워주신 두 마리의 음양 백보사가 있다. 하의에는 태양 기호가 장식된 멧돼지 꼬리가 장식되어 있다. 머리에는 백보사 기호가 있는데 가운데가 태양경(太陽鏡)으로 장식된 모자다. 큰아들은 태양경의 위쪽에 태양 기호인 멧돼지의 튀어나온 긴 이가 장식되어 있다. 여자는 백보사 기호가 있는 목걸이를 하고, 남자는 백보사 기호가 있는 '영웅 허리띠'를 맨다. 검은색 바탕에 금색의 백보사 무늬가 화려하게 수놓아져 있기 때문에 백보사 숭배 민족임을 확연히 알 수 있다. 외부인도 자신들의 민족의상을 입지 않으면 배만족의 풍년제와 혼례에 참석할 수 없다.

길림(吉林) 연변(延邊)에서는 아이가 첫돌을 맞으면 할머니와 어머니는 호랑이, 태양팔괘화(太陽八卦花), 공 모양의 자수 장식, 삼각(三角), 향낭, 가지, 마늘 등 60개의 자수 장식물을 수놓은 허리띠를 매는데 이는 아이의 장수를 비유하는 것이다. 또한 가슴에는 기하학 무늬가 있는 홍색의 주머니를 단다.

만(滿)족 남자는 결혼하면 모두(帽頭)를 써야 한다. 모두는 8개의 검은색 천으로 만든 원추통천(圓錐通天)형인데 그 꼭대기가 붉은색 태양이다. 여자는 머리에 3각형 태양관모를 쓴다. 청대 만족 남자의 추모(秋帽)**, 하모(夏帽)***는 모두 백색 원추형인데 맨 위의 구슬은 태양을 의미하여 태양이 아래로 빛을 내는 모양을 형상화한 태양관(太陽冠)이

* **百步蛇**: 이 뱀에게 물리면 100보 안에 죽는다고 백보사라고 불린다.

** **秋帽**: 추울 때 쓰는 모자

*** **夏帽**: 여름 모자

배만족 풍년제에 참석한 남자의 명절 복식(대만 대무산(大武山))

다. 여자관(女子冠)은 기두(旗頭)인데 양쪽의 올림 머리에서 발전한 제비꼬리형 기호다. 만족의 신발 바닥에는 땅과 물을 비유하는 연꽃이 수놓아져 있는데 '연꽃을 밟으면 보살이 된다'는 말에서 유래한 것으로 영생을 얻는다는 뜻이다.

신강 위구르족이 쓰는 네 조각 천으로 만든 통천관(通天冠)에 있는 자수 도안은 생명의 나무, 생명의 꽃이나 생명의 나무의 종자인 파단목(巴旦木) 기호로 구성되었다. 이것은 몸의 위에서 아래로 이어지는 선과 함께 민족 특징이 선명한 문화 기호가 되었다.

외출

외출의 주제는 무사 귀환이다. 자동차, 배, 말 등 외출 도구의 장식품에는 생명 의식을 상징하는 여의(如意), 팔괘(八卦) 등의 기호가 제일 많다. 원숭이 토테미즘의 하남 황하 중류의 모진(茅津) 나루터에서는 황하행 선박의 돛대 꼭대기에 원숭이를 조각하고 아래는 '대장군이 앞길을 열어주고 이장군이 사방을 보호해 준다(大將軍開路先行, 二將軍八面威風)'라고 써서 황하의 성난 파도 속에서 원숭이를 숭배하는 선원의 생명을 보호해 주길 기원하였다.

신앙 금기 속의 민간미술

거역할 수 없는 힘이 인류의 생존과 번식을 위협할 때가 종종 있다. 과거 과학이 발달하지 않았을 때는 세상을 인식하는 데 많은 제약이 있었다. 당시 사람들은 인류의 생존을 위협하는 눈에 보이지 않는 세계가 존재하며 인류의 생존을 위하여 이 사악한 무리를 이길 수 있는 초인적인 힘을 이용하여야 한다고 믿었다. 중국은 수천 년 동안 독특한 역사 문화적 배경하에 발전하였기 때문에 원시 사회의 토템 숭배와 신기 숭배가 민간에 상당한 영향을 미쳤고 이런 영향은 중국 민간미술 작품에도 나타났다.

신기 숭배

황토 고원의 여성들은 조계인형이라는 보호신과 번식의 신을 전지로 만들었다. 연이은 폭우로 홍수가 나면 비를 그치게 하기 위하여 손에 비를 들거나 한 손에는 비를 들고 한 손에는 쓰레받기를 든 소천파(掃天婆)*, 소천식부(掃天媳婦)**, 소청랑(掃晴娘)을 만들었다. 또한 가뭄이 들 때는 비를 기원하는 조계인형를 만들었다. 전염병이 돌 때는 노란 종이로 만든 '혼을 부르는 인형'을 사용하였다. 오도인형, 과자인형을 만들어 문미에 걸어놓으면 액을 피할 수 있다. 자식을 원할 때는 희인형, 연꽃인형, 호리병인형, 석류인형을 신방에 붙인다.

이 밖에도 동북 만족의 민간미술 작품에 나오는 보호신과 번식의

* **掃天婆**: 하늘을 청소하는 노파

** **掃天媳婦**: 하늘을 청소하는 며느리

오도인형(섬서 연천)

신에게 제사하는 천인장(千人帳). 각 가정에서 보내온 자수 조각을 이어 붙여서 사당 안에 걸어놓는다(섬서 천양).

신으로는 아들의 혼인을 도와주는 살극살마마신(薩克薩嬤嬤神)과 산에 들어갔을 때 길을 잃지 않게 도와주는 위호마마신(威虎嬤嬤神)이 있다. 흑룡강(黑龍江) 민간미술 작품에는 액을 막아주는 길기아신(吉其亞神)이 있다. 신강에는 선초(仙草)를 들고 있는 혼을 부르는 인형 등이 있다. 민간에서는 제사 때 쓰는 황색 종이*로 현지의 토템이나 신기 동물을 전지로 만들어 문에 붙여 액을 막았다. 예를 들어 내몽고에서는 사슴과 닭, 관중에서는 호랑이와 호랑이를 타고 있는 조계인형, 하남에서는 원숭이와 원숭이를 타고 있는 조계인형, 소와 소를 타고 있는 조계인형 등을 붙였다.

황하 중류에서는 신에게 제사를 올릴 때 마을 여성들이 백인장(百

* 민간에서는 이 종이를 신을 부르는 종이라고 생각한다.

人帳)과 천인장(千人帳)을 수놓고, 각 가정에서는 사각형의 신기동물, 식물 도안을 수놓아 길상을 의미하는 십자형 장식을 엮어서 신묘(神廟) 꼭대기에 걸어놓았다.

상 추전정안녕(錐剪定安寧) 오행팔괘전지(산서 후마)

하 중국 민간의 승두(升斗) 숭배를 풍자한 삼두통천(三斗通天)(운남 검천)

생활도구

민간에서 사용하는 생활도구는 그 기능 외에도 중국 민속 문화와 민간미술의 기호로 해석된다.

예를 들어 우산은 비와 햇볕을 가리는 기능도 있지만 그 모양이 태양을 연상시킨다. 필자가 귀주 묘채에 갔을 때 비가 내려 우산을 쓰고 숙소로 돌아가자 집주인은 우산을 접은 후 방문 뒤에 두어서 사람들이 함부로 건드리지 않게 하라고 정중히 부탁하였다. 고대 민간에서는 우산을 귀한 물건으로 인식하였고 나중에는 숭고한 의미를 부여한 화개(華蓋)와 황나산(黃羅傘)으로 발전하여 사찰 신상의 머리 위에 걸어두거나 제왕의 출행 때 빛을 가리는 등 고귀한 장소에 사용되었다.

부채 숭배는 한때 중국에서 유행하였지만 나중에 부채가 태양을 숭배하는 일본에 전래되면서 더욱 신성한 숭배를 받았다. 그 원인은 지평선에서 부채꼴로 펴지는 태양의 관물취상 기호 때문이다.

민간미술 작품 중 볼 수 있는 가위 숭배도 전국적인 신앙금기 풍속이다. '정과 가위가 안녕을 가져온다'라는 말처럼 가위는 액을 막는 도구다. 예를 들어 8개의 가위가 중심을 향하고 있는 둥근 전지나 한 개의 가위가 전갈이 있는 꼭대기를 향하고 있는 전지 등은 모두 단오절 때 문에 붙이는 액막이 전지다.

중국 민간미술 작품에는 도끼도 볼 수 있다. 도끼의 형상은 6000년 전 하남 임여(臨汝) 묘저구(廟底沟) 유적에서 출토된 앙소 문화 도강채회(陶缸)* 채색 도안과 산동 대문구문화 도강(陶缸) 부조 무늬 도안에서 처음 볼 수 있다. 그 후 호북 천문(天門) 석가하(石家河)의 등가만(鄧家灣) 원시 유적에서도 도끼 도안이 장식된 항아리가 발견되었다. 학자들은 이것이 장강에서 황하까지 수천 년 동안 이어 내려온 액을 막기 위한 일종의 기호라고 말했다.

* **陶缸**: 도자기 항아리

추상 기호

반파 유적지에서 출토된 6000년 전의 앙소 문화 문물 중에는 음양합일의 인격화 신과 물고기와 새가 합일한 형상이 그려진 호리병이 있었다. 상고(上古) 시대 홍수가 발생하자 복의와 여와남매는 물을 피

2003년 사스가 유행할 때 사람들이 거리 양쪽에 걸어놓은 중국 매듭(북경)

해 호리병으로 피했다. 오늘날까지 민간미술 속에 광범위하게 전래되고 있는 호리병 숭배는 호리병을 인류 만물을 번식시키는 우주 모체 기호로 본다.

팔괘호로(八卦葫蘆) 전지(섬서 안새)

가장 대표적인 것이 묘채의 호로생이다. 북쪽의 민간전지와 자수에는 팔괘호로(八卦葫蘆), 쌍취호로(雙嘴葫蘆), 호로생자(葫蘆生子)와 호로투방정(葫蘆套方正) 팔괘 도안 및 다양한 호리병 향낭이 있다. 신방에 걸면 번식의 의미이고 대문에 걸면 액막이, 몸 앞에 붙이면 보호신의 역할을 한다. 민간 건축에서는 액막이와 자녀 번식을 위하여 이를 안채 가운데 방의 천척 가운데 놓는다.

원시 시대에서 오늘날까지 민간에서 사용되는 생명기호도 신앙금기의 사회적 기능을 가졌다. 예를 들어 둥근 점은 모두 신기 기호로 이를 가슴에 달면 생명의 보호신 기호이고 동물 도안에 동그랗게 구멍을 뚫거나 그리면 액을 막는 신기 동물이 된다. 하모도 문화 유적지에서 출토된 7000년 전의 도자기 돼지에서 이런 원점 도안을 볼 수 있는데 그것은 태양의 성격을 갖고 있는 신기 돼지일 것이다. 프랑스 라스코 암벽화의 신기 수소의 몸에 원점 도안이 있는 것에서 볼 때 원점이 최소 1만 5000년 전부터 인류가 사용했던 철학적 문화 기호라는 것을 알 수 있다.

평안을 상징하는 여의, 팔괘, 반장(盤長), 사반구과단(蛇盤九顆蛋) 도안은 자동차, 마구(馬具), 선박에서도 볼 수 있는 액막이 도안이다. 장족의 천막과 몽(蒙)족의 몽고파오 입구 양측에도 이런 도안이 있다. 서장(西藏)의 민가에 있는 산(山), 월(月), 일(日)로 구성된 기호의 성질과 기능도 이것과 같다. 산동 대문구문화 유적의 부조무늬 도안에서 최초로 발견되었다.

1| **혼돈 예마**(混沌禮饃): 특별한 날 밀가루를 이용하여 만든 장식품

2| **자침**(瓷枕): 자기(瓷器)로 만든 베개

3| **양두어미**(羊頭魚尾): 머리는 양, 꼬리는 물고기

4| **어희련**(魚戲連): 물고기가 연꽃을 갖고 노는 도안

5| **어교련**(魚咬(唆)蓮): 물고기가 연꽃을 물고 있는 도안

6| **연리생자**(蓮里生子): 연꽃 속에서 자식을 낳다.

7| **희인형**(喜娃娃): 번식의 신 조계인형이 두 마리 물고기를 안고 있는 것

8| **각화**(角花): 모서리에 장식한 도안

9| **대어**(對魚): 물고기가 마주 보고 있는 도안

10| **송서흘포도**(松鼠吃葡萄): 다람쥐가 포도를 먹는 도안

11| **후흘도**(猴吃桃): 원숭이가 복숭아를 먹는 도안

12| **금계탐연화**(金鷄探蓮花): 금계가 연꽃을 찾는 도안

13| **쌍어공호두**(雙魚共虎頭): 호랑이 머리 하나에 몸이 두 개인 물고기

14| **쌍어공양두**(雙魚共羊頭): 양 머리 하나에 몸이 두 개인 물고기

15| **어미봉조**(魚尾鳳鳥): 꼬리가 봉황인 물고기

16| **항위화**(炕圍花): 온돌방의 창문 밑과 벽에 붙인 그림

17| **갑마**(甲馬): 신이나 부처를 그린 종이

18| **어함초**(魚銜草): 풀을 물고 있는 물고기

19| **계함초**(鷄銜草): 풀을 물고 있는 닭

20| **녹함초**(鹿銜草): 풀을 물고 있는 사슴

21| **토함초**(兔銜草): 풀을 물고 있는 토끼

22| **양함초**(羊銜草): 풀을 물고 있는 양

23| **호함초**(虎銜草): 풀을 물고 있는 호랑이

24| **사함초**(蛇銜草): 풀을 물고 있는 뱀

25| **녹함 영지**(鹿銜靈芝): 영지를 물고 있는 사슴

26| **호함 영지**(虎銜靈芝): 영지를 물고 있는 호랑이

27| **사함 영지**(蛇銜靈芝): 영지를 물고 있는 뱀

28| **사함 애초**(蛇銜艾草): 쑥을 물고 있는 뱀

29| **팔만진보**(八蠻進寶): 사자, 기린, 코뿔소, 사자후, 독각수, 호랑이, 코끼리, 승냥이

30| **호두용신어미**(虎頭龍身魚尾): 머리는 호랑이, 몸은 용, 꼬리는 물고기

제4장 • 중국 민간미술의 예술 체계

중국 민간미술의 철학 체계、예술 체계、조형 체계、색채 체계는 서양의 전통 미술과 완전히 다르다。철학 체계에서 중국의 민간미술과 문인 사대부 및 직업 예술가의 예술을 보면 모두 중화 민족 천인합일(天人合一)、물아합일(物我合一)의 인식론、음양관、생생관이 결합한 우주본체론에 속하는 동일한 철학 체계다。하지만 민간미술은 중화 민족이 수천 년 동안 계승 발전시켜온 원생태의 철학 기호로 이런 철학을 직접 표현한 것이고 문인 사대부의 예술은 이런 철학관으로 예술가 개인의 감정을 표현한 것이다。

* **原生態**: 문화 분야의 신조어. 인위적인 것이 아니라 원시 상태의 향토적 분위기가 풍기는 표현 형태

여성 노동자는 중국 민간미술의 주요 창작 집단 중 하나로 전지 등 분야에서 특히 두드러진다. 그녀들은 원생태(原生態)*의 철학관과 철학적 기호를 이용하여 우주에 대한 인식을 표현하였다. 이것이 민간미술 집단 창조의 공통점이다. 차이점은 민족과 지역의 다양한 기호 및 창작자의 감정 기질, 문화적 소양을 다양한 예술적 언어로 표현한 다양한 예술 형태라는 것이다. 민간미술은 개성이 있는 예술이며 개성으로 공통점을 표현한다.

물고기를 예로 들어보자. 서방철학의 기초인 고대 그리스 철학에 따르면 '예술은 자연의 모방이다(헤라클레스)', '예술은 모방의 기술이다(아리스토텔레스)'라고 하였다. 예술가의 임무는 객관적인 자연세계를 모방하는 것으로 자연과 비슷할수록 최고의 예술가인 셈이다. 이를 위해서는 반드시 객체인 자연의 구조, 색채, 질감, 양감(量感), 공간감(空間感)을 연구하여야 한다. 물에서 갓 잡아 광주리에 넣은 물고기를 그릴 때도 질감, 양감, 공간감을 잘 표현하여 관객이 입맛을 다시게 해야 한다. 이것이 바로 자연에 대한 최고의 모방이다. 그래서 이것을 '정물(靜物)'이라고 한다. 이렇게 '물고기는 물고기, 나는 나' 서로를 구분하는 천인대립(天人對立), 물아양분(物我兩分)의 철학관에 따

19세기 프랑스 인상파 화가 마네의 정물화 〈잉어〉

른 예술창작 모방론이 지난 2000년간 서양 예술의 철학과 미학의 기초였다.

중국인의 철학과 예술 체계는 천인합일, 물아합일이다. 중국 궁중의 문인 사대부와 직업 예술가는 객체인 자연을 통해 자신의 감정을 표현하였다. 중국 예술가는 '내가 물고기고 물고기가 나다'라고 말한 바 있다. 물속에서 헤엄치는 물고기를 그리는 것은 물고기를 통해 내 감정을 표현하는 것이다. 이것이 바로 『장자(莊子)』 추수편(秋水篇)에서 장자와 친구가 호수의 물고기를 보며 말하던 그 철학관이다. 장자는 친구에게 '고기가 물속에서 정말 즐거워하지 않은가?'라고 하자, 친구는 '고기가 아니면서 그걸 어떻게 아나?'라고 묻는다. 그러자 장자는 '내가 고기가 즐거운 것을 모른다는 걸 자네는 어떻게 아나?'라고 말한다. 이런 천인합일, 물아합일에 근거한 유교, 도교 철학의 뜻과 탐닉이 바로 중국 전통 미술의 철학과 미학의 기초이자 예술 기법이다. 중국화에서는 사의(寫意)*든 공필(工筆)**이든 모두 사의에 속한다. 이것이 서양의 모방론과 다른 점이다.

중국 화가 이고선(李苦禪)이 『장자』 추수편의 '호상지락'을 통해 예술가 개인의 감정을 표현한 그림

중국 민간미술에서 물고기는 인류 만물의 번식을 상징하는 문화 기호에 불과하다. 음양을 의미하는 두 마리의 물고기가 교합하여야 인류가 번식하기 때문이다. 그 예술적 형태가 바로 대어(對魚)다. 이것이 바로 그녀들의 작품 대어 도안의 문화적 의미와 예술 형태다. 번식의 목적은 자손만대의 생생불식인데 순환하여야 생생불식할 수 있으므로 물고기 두 마리가 회전하는 도안을 사용했다. 우주 모체의 기호인 접시에 물고기 두 마리가 서로 반대 방향으로 도는 도안은 바로

* **寫意**: 회화에서 사물의 형식보다 그 내용, 정신에 치중하여 그리는 일

** **工筆**: 동양화의 화법

좌 사천 노주(瀘州)의 구완(扣碗)

우 중국 민간전지 중 음양관과 생생관이 합일된 팔괘어 도안

혼돈 우주의 모체가 음양을 품은 후 음양이 교감하여 인류 만물을 만드는 생생불식 철학관의 기호다. 이것이 바로 중국 민간미술의 팔괘어 도안이 갖고 있는 문화적 의미와 예술 형태다. 구완 도안도 마찬가지다. 구완은 뚜껑 있는 사발인데 민간미술의 창조자에게 구완은 그냥 그릇이 아니다. 구완의 위는 하늘과 양, 아래는 땅과 음을 의미하는 일종의 철학적 기호로 음양이 구분되지 않고 혼돈으로 가득한 우주 모체를 대표한다. 민간미술 작품에서 구완의 뚜껑이 열려 안에서 물고기 한 마리가 나오는 도안을 볼 수 있는데 이런 도안은 음양이 교합하여 만물을 창조한다는 의미다.

조형 체계

음양관(陰陽觀)의 조형관

쥐의 해 춘절에 산서 여량에 사는 이애평(李爱萍) 씨가 필자에게 구완(扣碗)에서 쥐 한 마리가 나오는 '서교천개(鼠咬天開)'라는 창화를 보내주었다. 중국 민간에서는 쥐를 번식의 신으로 간주하기 때문에 쥐는 물고기와 같이 번식의 기호에 속한다. 이 창화의 의미는 천지가 결합한 구완이라는 우주 속에 있는 번식의 신인 쥐가 쥐의 해에 하늘을 열고 인류 만물로 태어나는 것이다. 이 밖에도 호리병, 호박, 포도 등이 모두 번식의 기호로 간주된다. 왜냐하면 미술 작품에서 볼 수 있는 이들은 일반적으로 알고 있는 자연적 사물이 아니라 다산을 의미하기 때문이다. 민간미술의 창조자들은 눈에 보이지 않는 자식을 그린다. 필자가 호박에게 자식이 있냐고 묻자 그녀들은 호박도 자식이 있다고 말하였다. 그 말에서 그녀들이 원하는 것이 호리병, 호

좌 천지가 열리고 우주 조물주 물고기가 나와서 인류 만물을 번식시킨다는 내용의 민속전지(섬서 황능(黃陵))

우 민간전지 서교천개(鼠咬天開)(산서 여량)

민간전지 노서흘포도(섬서 낙천)

박, 포도가 아니라 그 속에 있는 씨임을 알 수 있었다. 그녀들은 호리병, 호박, 포도를 모체의 자궁으로 보고 그 속에 있는 씨를 자손 번식으로 보았다. 이렇게 중국의 본원 철학관 및 관물취상에 의해 결정된 예술 형태가 중국 민간미술의 기본 특징이다. 마찬가지로 노서흘남과, 노서흘포도도 번식 기호로 봐야 한다.

민간미술에서 어희련, 어사련의 물고기와 연꽃은 천지상합, 남녀상교의 문화 기호로 춘절과 혼인에 사용된다. 물고기는 남성을, 연꽃은 다산과 여성을 의미한다는 것은 다들 알지만 어희련과 어사련이 어떻게 다른지를 아는 사람은 별로 없다. 어느 해 춘절, 필자는 섬북 의군 오리진에서 한 무리의 젊은 여성들이 창화 만드는 것을 보았다. 필자가 무엇을 만드느냐고 묻자 한 여성은 어희련, 다른 여성은 어사

전지 어희련. 물고기가 연꽃 위에서 노는 것은 남녀의 사랑을 비유한 것이다.

련이라고 말했다. 어희련이 무슨 뜻이냐고 하니 그녀들은 웃으면서 '연애'라고 대답했지만 어사련이 무슨 뜻이냐고 묻자 대답은 않고 부끄러워하였다. 옆에 있던 아이를 안은 여성이 '남자하고 자는 거'라고 대답하자 모두 큰 소리로 웃었다. 어희련은 물고기가 물 위에서 연꽃을 갖고 노는 것이니 연애를 말하고 어사련은 물고기가 물속에서 연의 줄기를 무는 것이니 결혼을 의미한다. 이 두 가지 도안을 결합할 때는 조건이 있는데 연꽃 위에 아이를 얹은 도안이 바로 연화생자(蓮里生子)인데 이것은 어희련이 아닌 어사련에만 할 수 있다고 한다. 필자가 그 이유를 묻자 그녀들은 결혼도 안 하고 어떻게 아이를 낳느냐고 말했다. 여기에서 연애, 결혼, 출산까지 단계에 맞는 조형 기법이 있다는 것을 알 수 있다.

어사련 전지. 물고기가 연꽃 아래의 줄기를 입으로 무는 것은 남녀가 결혼하여 자식 낳는 것을 비유한 것이다.

그녀들이 만든 계함어와 계두어는 닭을 하늘과 남성에, 물고기를 땅과 여성에 비유하여 천지상합, 음양상합, 남녀상교를 표현한 예술 조형 언어다.

민간전지 중 애호의 뱃속에 귀여운 새끼 호랑이를 장식하거나 후흘연의 원숭이 뱃속에 귀여운 새끼 원숭이를 장식하고, 두 마리의 새 뱃속에 날아가는 새를 장식하는 건 모두 신기 동물로 자손 번식을 표현한 조형기법이다.

오행관(五行觀)의 조형관

중국 민간 예술가들은 서양의 '초점 투시'나 문인화의 '산점 투시'를 따르지 않고 중국 본원 철학의 관념에 따라 형상을 만든다. '노서투유'라는 창화전지에서 병은 모체, 쥐는 번식 기호를 의미한다. 술병의 입구는 곡선인데 바닥은 직선인 이유를 묻자 그녀들은 '병은 평평한 곳에 있잖아요'라고 대답하였다. 이것은 병의 입구를 통천, 바닥을 땅, 병을 우주 모체에 비유한 것이다. 이렇게 시각 투시와 상반되는 예술 기법은 서양의 현대 예술 입체파의 기하형체가 아닌 중국의 철

좌 노서투유(老鼠偸油) 창화 전지(섬서 의천)

우 섬북 민간전지 농가 생활

좌 춘절뇨사화(春節鬧社火) 전지(산서 중양)

우 민간전지 희작와(喜鵲窩)(섬서 안새)

학적 관념에서 온 것이다.

집을 건축할 때도 초점 투시가 아니라 오행 관념을 도입한다. 즉 집을 평면으로 펼칠 때 정면뿐 아니라 보이지 않는 측면도 표현한다. 집에는 측면도 있기 때문이며 상자를 그릴 때도 보이지 않는 측면의 꽃무늬를 표현한다.

사합원의 중심인 마당에서 사화(社火)*하는 장면을 표현할 때도 전체를 다 표현한다. 사합원의 동서남북에 있는 방은 바닥이 가운데를 향한 채 옆으로 누워 있다. 사화에 참가한 사람들도 발이 가운데를 향한 채 누워 있는데 이는 중국 본원 철학의 오행 공간 관념으로 표현한 것이다. 농가의 생활을 표현할 때 집 안팎의 풍물과 인물이 평면으로 펼쳐지고, 큰 나무 위의 까치집을 표현할 때는 나무는 측면이지만 까치집은 정면에서 내려다본 형태다. 이렇게 하면 까치집 속의 생동감 있는 이미지를 완벽하게 표현할 수 있다. 이런 표현 기법은 마치 영화 촬영 때 크레인을 이용하는 것과 마찬가지로 원하는 곳을 마음대로 찍을 수 있다.

민간미술에서는 사람의 측면을 그릴 때도 눈을 두 개 모두 그린다. 측면에서는 한쪽의 눈밖에 보이지 않냐고 묻자 그녀들은 '사람은 눈

*社火: 집단으로 하는 명절놀이

민간회화 〈방목(放牧)〉(섬서 의군)

이 두 개잖아요!'라고 대답하였다. 방목하는 아이를 묘사한 〈방목(放牧)〉이라는 그림에서 큰 나무 아래 방목하는 아이의 얼굴에는 정면과 좌우 양면이 모두 들어 있다. 왜냐하면 가축을 방목할 때 정면뿐 아니라 좌우도 살펴봐야 하기 때문이다. 하지만 가축의 머리는 좌우 양면만 표현되어 있다. 필자가 이유를 묻자 가축이 풀을 먹을 때 양쪽의 풀을 모두 먹지 한곳의 풀만 먹을 수 없기 때문이라고 대답하였다. 그녀들은 관념적인 예술 언어로 다른 공간과 시간을 하나로 통일하였다.

〈강자아조어삼정(姜子牙釣魚三情)〉*이라는 그림에서는 강태공의 정면(정신을 집중할 때의 표정), 반측면(고기가 걸렸을 때 기뻐하는 표정), 측면(고기를 끌어올릴 때의 웃는 표정)을 통하여 시간과 공간의 결합을 잘 표현하였다. 이것은 〈방목〉에서의 예술 관념과 일치한다.

토템 조형관

민간미술 창조자가 표현하는 호랑이는 자연 형태의 호랑이가 아니

* **〈姜子牙釣魚三情〉**: 강태공이 낚시할 때의 표정

상좌 민간전지 강태공조어(姜太公釣魚)(섬서 의군)

상우 민간전지 하산호(下山虎)(섬서 안새)

하 민간전지 애호(愛虎)(섬서 안새)

라 시공을 초월한 관념 형태의 호랑이로서 씨족 집단을 보호하는 토템 동물이다. 예를 들어 아이를 보호하는 다리가 짧고 통통한 애호도 있고 액막이로 사용하는 네 다리를 쭉 뻗은 무섭게 생긴 하산호가 있는데 이 두 가지 모두 자연 형태의 호랑이가 아니다.

1980년대 초 중앙미술학원에서는 학생들에게 전지 제작 과정을 보여주기 위하여 섬서 용동에서 할머니 여섯 분을 초청하였다. 북경에 도착한 후 할머니들에게 어디 가고 싶으냐고 묻자 동물원에 가고 싶다고 대답하였다. 필자는 그녀들이 동물원에 가는 목적인 진짜 호랑이를 보기 위해서란 것을 알고 있었다. 왜냐하면 평생 호랑이를 만들었지만 진짜 호랑이를 본 적이 없기 때문이다. 동물원에 도착한 할

* 彩陶盤: 채도 쟁반

** 笙: 출산

머니들은 호랑이에서 눈을 떼지 못하였다. 숙소로 돌아온 할머니들은 그날 밤 잠도 자지 않고 낮에 본 호랑이의 각종 동작을 만들었다. 하지만 스케치를 배운 적이 없기 때문에 제대로 만들지는 못했다. 왜냐하면 스케치와 전지는 완전히 다른 체계의 예술이기 때문이다.

민간전지의 사반토(蛇盤兔)와 사반반(蛇盤盤)도 자연 형태의 뱀이 아니라 토템 동물의 형상이다. 뱀이 똬리를 튼 형상은 천지상합의 의미를 표현하는 것으로 뱀이 쑥을 물고 있으면 바로 신기 뱀이 된다. 똬리를 튼 뱀 가운데 있는 토끼는 자손을 의미하는 것으로 자손에 대한 보호와 양육을 표현하였다. 사반반의 형상은 산서 양분 도사 하허(夏墟) 유적지에서 출토된 채도반(彩陶盤)*의 뱀에서 최초로 발견되었으며 주(周)대 청동기 쟁반을 거쳐 지금까지 전해진다.

토템 개구리가 사신인면(蛙身人面)을 거쳐 인격화신 조계인형으로 변화하는 과정에서 이런 조형의 발전과정을 볼 수 있다. 섬북 민간미술에서는 두 가지 형태의 조계인형을 볼 수 있다. 하나는 토템 보호신인데 머리를 양쪽으로 말아올리거나 머리 양쪽에 닭(태양이나 일, 월)을 장식하고 정면을 향해 서서 두 손을 위로 들거나 두 손에 두 마리 닭(일, 월)이나 닭(일), 토끼(월)를 들고 있는 형태다. 그녀가 엎드린 것이 앞에서 말한 '기어 다니는 인형' 베개다. 이런 조계인형 형태는 토템 개구리 형태에서 변화 발전한 것인데 중국 신화에서 황토로 인류를 만들어 중화민족을 번식시킨 여와를 의미한다. 또 하나는 희인형인데 머리에 연꽃을 꽂고 두 손은 아래로 내린 채 아이 낳는 자세로 앉아 있다. 다리 아래는 두 마리의 물고기나 물고기와 생항(笙)**이 함께 있다. 이것이 번식의 신인 조계인형의 형태다. 고증에 따르면 원시 사회에서는 눕지 않고 앉아서 아이를 낳았다고 하여 앉아 있는 자세가 번식의 신의 특징이다.

사반토 전지(섬서 안새)

좌 전지 고묘(古廟)이 모란으로 장식한 지붕(섬서 황능)

우 조계인형 전지(섬서 안새)

시공을 초월한 조형관

민간미술은 무생물인 선이나 흑백 명암의 변화 대신 생명이 있는 화초, 동물, 숭배하는 자연 만물을 장식에 사용하였다. 예를 들어 일부 작품에서는 신기 관념을 갖고 있는 돼지머리로 이룡희주(二龍戲珠)의 구슬을 대신하였고 모란으로 지붕을 장식하여 무생물의 기와를 대신하였다. 이 밖에도 비늘 대신 연꽃으로 물고기를 장식하고 화초 동물 도안으로 옷의 무늬와 동물의 가죽을 장식하였다. 이것은 중국 민간미술 창조자의 감정적 기질과 심리적 소질에 따라 결정된다. 장식 변형은 중국 민간미술만의 특징이 아니다. 서양의 현대 미술 유파에서도 장식 변형을 볼 수 있다. 야수파 앙리 마티스의 〈춤〉은 인체 구조의 장식 변형이며 옷을 입은 인물의 장식 변형도 옷 무늬의 규칙과 자연적 형식을 벗어나지 못했다. 입체파 화가 브라크의 인물 변형도 서양의 명암 조형 관념의 장식 변형이다. 서양 미술에서 모란으로 눈을, 연꽃으로 물고기를, 동물의 뱃속에 작은 동물을, 지붕 꼭대기에 모란을 장식한 것을 볼 수 있을까? 서양 회화에는 없다. 동서양의 문화적 관념의 차이점은 장식과 변형의 형태, 무생물의 자연 형태의 장식 변형인지, 생명이 있는 관념 형태의 장식 변형인지에 있다.

섬북 낙천에 사는 왕란반(王蘭畔)의 남편 이신안(李新安)은 60년 전 최초로 섬서 북부에 사과를 들여와 심기 시작한 사과 전문가로 그녀의 과수원은 황토 고원의 첫 번째 과수원이다. 왕란반의 전지와 농민화 〈사과 과수원〉은 봄철 밭갈이와 나무심기에서 가을철 수확, 저장까지 계절별, 공간별, 시간별의 생산과정을 잘 표현하고 있다. 하지만 그녀는 여기에서 끝내지 않고 그 위에 봉황, 용, 작은 동물들을 그린 후에야 손을 놓을 수 있었다. 이것은 특정 시간과 공간의 예술 창작에서는 할 수 없는 일이다. 왜냐하면 용과 봉황 등 관련 없는 동물을 추가하는 것은 불합리하기 때문이다. 하지만 민간미술 작가의 예술 창작은 시공을 초월한 우주 세계를 창조, 표현하기 때문에 작품 속에 대천세계의 천지만물을 맘대로 장식하여 생생불식의 활력을 강조하였다.

민간전지에서 양성 동물인 소, 호랑이, 말, 개, 양 등의 꼬리에 卍자 기호를 장식하는 것은 꼬리가 흔들리는 자연적 형태를 표현한 것이 아니라 양성 동물의 상징적 기호다. 수탉의 등에 양성을 상징하는 '승(勝)'이라는 운구자(雲勾子) 기호를 첨가하였는데 이는 수탉의 날개를 나타내는 것이 아니다. 하지만 섬서 연천의 고봉련(高鳳蓮) 씨는 전지에 '만(卍)'자 회전 기호와 양성의 토템 신기 동물을 결합하여 신기 동물을 중심으로 하는 예술 형태를 창조하였다. 이렇게 움직임을 구현하는 예술 형태는 생생불식의 문화적 의미를 표현하였고 상당한 시각적 충격을 주었다. 이것은 양성동물의 꼬리 부위에 상징적 기호를 장식하는 것보다 전염속도가 훨씬 크다.

민간전지 어(魚)(섬서 황능)

또 다른 민간미술 작가인 조전상(曹佃祥)은 큰 종이에 화려한 수탉 한 마리를 그렸다. 필자가 수탉을 왜 이렇게 크게 그렸냐고 묻자 그녀는 그림이 커야 위엄이 있다고 대답하였다. 닭 볏을 왜 이렇게 크

평과원(苹果園)(섬서 낙천)

게 그렸냐고 묻자 그녀는 수탉의 볏이 이 정도는 되어야 하지 않느냐고 대답하였다. 꼬리는 왜 이렇게 크게 그렸냐고 묻자 수탉 꼬리가 이 정도는 돼야 하지 않느냐고 대답하였다. 다리를 왜 이렇게 굵게 그렸냐고 묻자 그녀는 '수탉 다리는 이렇게 크게 그려야 돼요, 다리가 굵은 수탉이 크게 울잖아요!'라고 대답하였다. 이렇게 웅장하고 힘찬 예술적 형상은 중화민족의 감정적 기질, 심리적 소질, 민족정신을 표현했다. 직업 예술가의 작품에 나오는 고독하고 실의에 빠진 모습, 독선자의 냉정함, 비애감 등은 민간미술 작품에서 보기 힘들다.

민간미술 전지에서는 사람과 동물의 눈을 표현할 때 흰자 가운데 눈동자를 둥글게 표현하는 데 이렇게 해야 눈이 맑고 정신이 뚜렷해 보이기 때문이다. 또 쥐의 눈을 수놓을 때 항상 '삼삼침(三三針)'이라

고봉련의 전지 작품 마(馬)(섬서 연천)

〈단오절〉. 태양을 의미하는 두 눈을 뜨고 있는 예술 조형(섬서 안새)

는 3가지 색선을 사용하는데 이것은 눈으로 빛나는 태양을 표현하는 것으로 정신이 뚜렷해 보인다고 한다.

1980년대 초 필자가 섬북 할머니 6명들과 중앙미술학원에서 수업할 때 대학원생 한 명이 당시 유행하던 소재인 탄생, 혼인, 죽음을 주제로 한 대형 전지를 제작하였다. 하지만 할머니들은 죽음이라는 주제를 전지에 옮기는 것에 동의하지 않았다. 그분들은 죽음보다는 살아서 인민을 위해 봉사하는 것이 좋지 않으냐고 말하였다. 한 학생이 호봉련(胡鳳蓮) 할머니의 수탉 전지를 모사하면서 '승(勝)'이라는 운구자 기호를 만들지 않았다. 왜냐하면 날개 외에 다른 기호는 아무 의미가 없다고 생각했기 때문이다. 하지만 호봉련 할머니는 다른 건 없어도 '승(勝)'자는 반드시 있어야 한다고 생각했다. 왜냐하면 이것은 생생불식의 기호로서 작품의 주제이자 감정의 표현이기 때문이었다.

운구자로 장식한 계(鷄)(섬서 안새)

색채 체계

생생관의 색채관

홍색은 중화민족이 숭배하는 색이다. 4만 년 전 동굴인이 죽은 자 옆에 홍색 광물의 가루를 뿌려 영혼의 영생을 기원했던 것에서 시작하여 현재까지 전해진다. 홍색은 생명을 상징하는 신기 숭배로 자연에 대한 태양 숭배와 불 숭배, 인류 생명의 상징인 뜨거운 피에 대한 인식에서 출발하였다. 긴 밤이 지나 붉은 해가 동쪽에서 떠오르면 만물이 깨어나는 것처럼 붉은 태양, 화염, 열정은 생명을 의미한다. 춘절에는 붉은 물결이 넘친다. 사람들은 홍색으로 치장하고 곳곳에 홍색의 희(喜)자와 대련(對联)[1]이 붙어 있고 붉은 폭죽을 터뜨린다. 홍색은 또한 액을 막는 색이다. 생명을 위협하는 모든 요괴는 홍색을 두려워 하기 때문에 홍색 모래와 홍색 종이는 중국인이 액을 막을 때 선택하는 색이다.

상 혼례(섬서 화현)

하 장례(하북 백양정(白洋淀))

* **紅白喜事**: 혼례와 장례 모두 기쁜 일이다.

음양관의 색채관

혼례에는 홍색을 사용하고 상례에는 백색의 상복을 입는다. 민간에서는 '홍백희사(紅白喜事)*'라는 말이 있다. 음양 색채관은 기쁨이 충만한 태양의 홍색과 만물이 시들어가는 백색에서 시작한다. 혼인할 때 남자는 홍색을 여자는 녹색을 입는데 이것은 태양의 홍색과 초목, 농작물의 녹색의 결합을 의미한다. 이런 음양합일의 색채관에 따라 각 민족은 각자의 색을 선택 조합하였다. 예를 들어 호랑이를 숭배하는 민족에게 '흑호는 하늘이자 아버지이고 백호는 땅이자 어머니'이므로 흑백은 천지, 음양, 암수의 결합을 의미한다.

단오절이 오색 테이프로 묶은 종자 향낭(감숙 경양)

오행 팔괘관의 색채관

중화 민족의 오행 색채관은 중국인의 우주 시공 관념을 대표한다. 중국인의 공간관념 '동, 서, 남, 북, 중앙'의 오행에 색채를 조합하여 동쪽은 청색, 서쪽은 백색, 남쪽은 적색, 북쪽은 흑색, 가운데는 황색이라는 오행 색채조합이 만들어졌다. 그리고 시간관념인 춘하추동에 오색오행을 배합하여 봄은 청색, 여름은 홍색, 한 여름은 황색, 가을은 백색, 겨울은 흑색이라는 색채 조합이 탄생하였다. 여기에 토템 신기 오행을 결합하면 동쪽은 청룡(청색), 서쪽은 백호(백색), 남쪽은 주작(홍색), 북쪽은 현무(흑색), 중앙은 황색이다. 또한 인격

상좌 서양 전통 유화에서 볼 수 있는 조건색의 색채 체계

상우 사물의 고유색을 기초로 하는 중국화의 색채 체계

하 중국 민간미술 음양오행관의 색채 체계(섬서 안새)

화 오행 신기 숭배와 결합한 것이 동쪽 청제(青帝) , 서쪽 백제(白帝), 남쪽 적제(赤帝), 북쪽 현제(玄帝), 중앙 황제(黄帝)의 오방신(五方神)의 색채 조합이다. 금(金), 목(木), 수(水), 화(火), 토(土)의 오행과 조합하면 목은 청색, 금은 백색, 화는 홍색, 수는 흑색, 토는 황색이라는 오행 색채 조합이 만들어진다.

서양의 전통 색채 체계의 기초는 자연의 빛에 따라 결정되는 조건색이다. 대립하면서 통일적인 냉온(冷溫) 색조가 빛의 변화에 따라 조건색의 색채 관념을 형성한다. 하지만 중국화의 색채 체계는 물질 고유색의 색채 조합을 기초로 하였다. 중국 민간미술의 색채 체계는 음양관, 오행관, 팔괘관을 기초로 한 관념 색채 체계다.

1| **대련**(對联): 중국에서 문이나 기둥 같은 곳에 걸거나 붙이는 대구

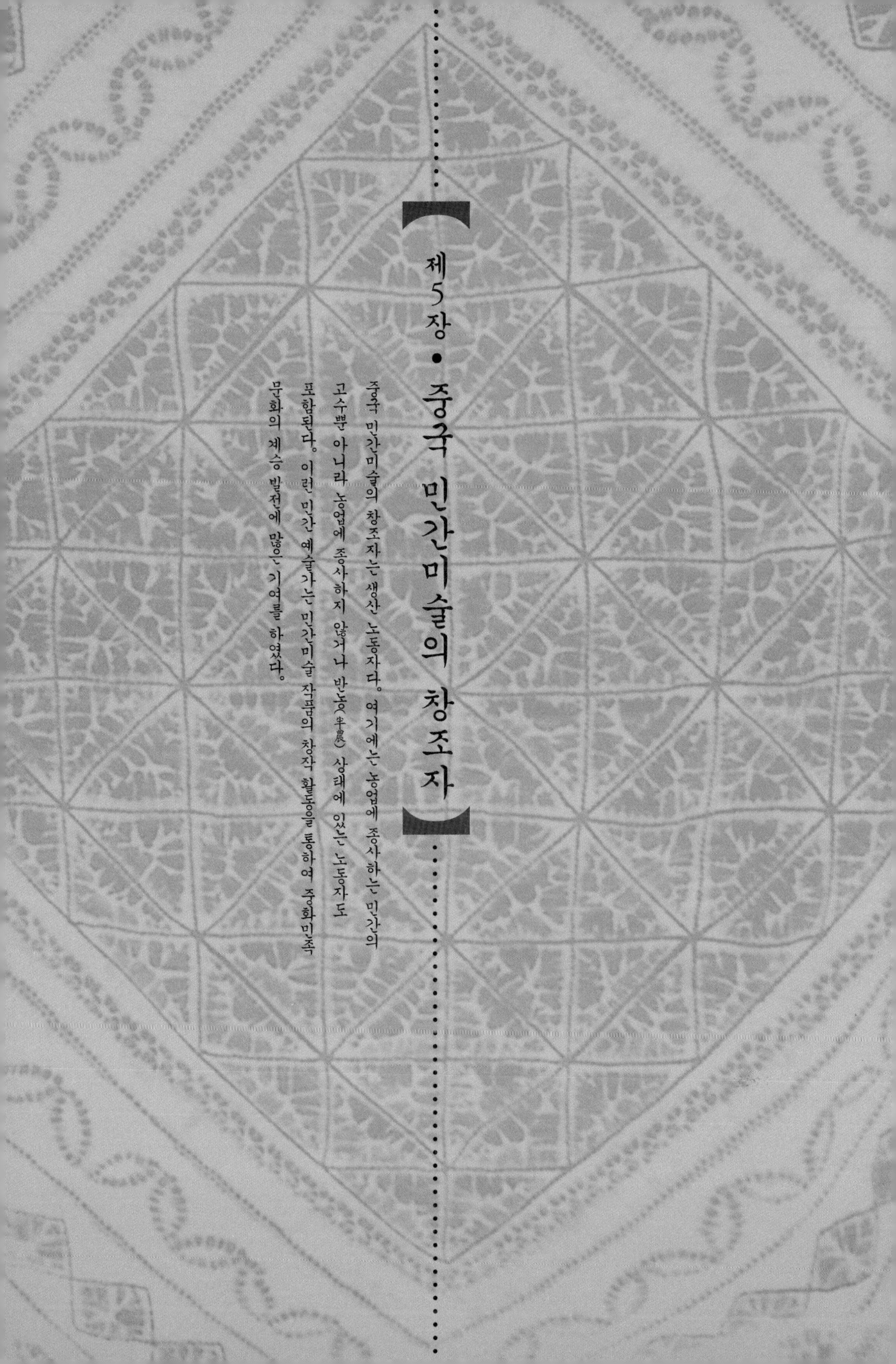

제5장 • 중국 민간미술의 창조자

중국 민간미술의 창조자는 생산 노동자다. 여기에는 농업에 종사하는 민간의 고수뿐 아니라 농업에 종사하지 않거나 반농(半農) 상태에 있는 노동자도 포함된다. 이런 민간 예술가는 민간미술 작품의 창작 활동을 통하여 중화민족 문화의 계승 발전에 많은 기여를 하였다.

생산 노동자의 예술

중국 민간미술의 창조자는 수많은 생산 노동자 집단이다. 과거 자연 경제 사회에서 남자는 주로 생산 활동과 건축에 종사하였고 가사와 민속 문화의 예술 활동은 여자들의 책임이었기 때문에 농촌의 여성들은 민간미술 작품의 창조자가 되었다. 그녀들은 가위, 바늘 같은 가장 원시적인 도구로 중화민족의 본원문화를 계승 발전시켰다. 특히 교육받지 못한 농촌의 어머니들은 중화민족 본원문화의 소유자이자 창조자, 계승자다. 오랫동안 중국 미술계, 학술계에 논란이 되던 문제들이 그녀들에 의해 해결되었다. 섬북 농촌에는 이런 할머니들이 많이 계신다. 이 분들은 동굴집에서 태어나 동굴집에서 돌아가셨

며느리 이름이 염희방(閻喜芳)인 전지 고수 할머니 일가(섬서 안새)

상좌 감숙 진원 전지 고수 기수매(祁秀梅)[1] 할머니가 외손에게 창화를 가르치고 있다.

상우 왕란반(王蘭畔) 일가

하 섬서 순읍(旬邑) 전지 대가 고숙란(庫淑蘭)[2] 할머니가 동굴집에서 창화를 만드는 모습

으며 자신의 작품으로 동굴집을 장식하며 자신의 이념과 정서를 표현하였다. 그녀들의 동굴은 삼라만상 대천세계가 들어 있는 원생태 문화의 살아 있는 화석 전시관과 같다.

섬북 안새 서하구(西河口) 난수천(暖水泉)의 어떤 할머니처럼 과거 중국 농촌의 여성은 사회적 지위가 없었기 때문에 평생 이름조차 가질 수 없었다. 사람들은 며느리의 이름인 염희방(閻喜芳)의 이름을 이

백족 여성이 납염포를 제작하고 있다(운남 대리).

용해 그녀를 불렀다. 그녀는 1997년 향년 81세로 돌아가셨다. 임종 며칠 전 그녀는 며느리의 부축을 받아 동굴집 창문에 자신이 새로 만든 창화로 붙이고 아궁이 위의 벽에 새 항위화를 붙이고 계란 껍데기를 부수어 검은색의 부뚜막을 아름다운 단각화(蛋壳花)로 장식하였다. 그녀는 마지막으로 창화의 밑그림을 며느리에게 건네준 후 편히 세상을 떠나셨다고 한다. 할머니의 며느리가 전해준 이 이야기는 다른 집에도 많이 있는 일이다. 이 할머니들이 바로 진정한 민간 예술가다.

농촌 곳곳에서 이런 여성을 발견할 수 있다. 1970년대 필자가 섬북 연안문화관에서 일할 때 지역의 13개 현(縣), 시(市) 문화관이 공동으로 문화예술 조사를 실시하였다. 안새현을 예로 들어보면 당시 현 전체 인구 50,000명 중 여성이 절반을 차지하였는데 그중 적령기 여성 20,000명 모두 전지, 자수, 면화를 만들 수 있었다. 민간미술에 능숙한 5,000명 중 250명을 골라 다시 40명을 선발하였는데 우리는 그녀들을 '종자(种子)* 선수**'라고 불렀다. 이 40명 중 40세 이하는 2명뿐이었다. 1980년대 이후 전국적으로 실시된 농촌 문화 고찰에서 섬북과 유사한 상황이 전국적으로 발생한다는 것을 알 수 있었다.

농촌의 어머니들은 민간 예술, 민간 풍속, 민간 역사 문화 전통의

* **种子**: 씨앗

** 당시 중국 정부가 중미 핑퐁 외교에 맞추어 종자 선수를 선발하였기에 우리도 이 이름을 따온 것이다.

납염 도안

보유자들이다. 그녀들이 가위를 들면 전지 고수가 되고 바늘을 들면 자수 고수가 되며 면장(面杖)*, 면판(面板)**을 들면 면화의 고수가 된다. 집에서는 가사의 고수이고 밖에 나오면 생산의 고수가 되니 만능이라고 말할 수 있다. 솜씨가 좋아서 못 만드는 것이 없고 붓을 들면 그림에도 능하니 나중에 이들이 바로 안새농민화의 창작집단이 되었다. 그녀들은 4~5세 때부터 어머니에게 창화 제작을 배우기 시작

* **面杖**: 밀방망이

** **面板**: 밀반죽을 할 때 쓰는 판

황하 유역의 농촌 여성이 청명절에 한연면화를 만들고 있다.

하여 수십 년의 제작을 통해 민간 예술조형의 탄탄한 기초를 쌓았다. 또한 해마다 복대, 베개 장식, 신발 바닥, 향낭, 바늘꽂이를 만들면서 어떻게 색을 배합하는지 배웠다. 춘절에는 면화, 조산을 만들고 청명절에는 한연을 만들면서 입체 예술 조형의 기초를 쌓았다. 평생 동안 민간 예술에 종사하였기에 그녀들은 민간에 전해 내려오는 전통적인 예술에 익숙하다. 해마다 춘절이면 창화, 전화를 만들어 자신이 사는 동굴집을 장식한다. 마을에 혼례가 있을 때면 단화, 각화를 만들어 신방을 장식한다. 청명절에는 면화와 한연을 만들고 한가할 때는 남편의 복대, 자신의 신발과 베개, 아이들의 베개와 신발에 수를 놓는다. 춘절에는 액을 막기 위해 과자인형을 만들어 문에 붙여놓고 장마가 들면 소천파를 만들어 간두(杆頭)에 묶어 마당 가운데 세워 비를 쫓았다. 그녀들이야말로 진정한 민간 예술집단이다.

민간 예술가의 예술

민간 예술가는 농업에 종사하지 않거나 반농 상태에 있으면서 예술을 생계수단으로 삼는 민간미술의 창조자다. 민간 예술가는 생산 노동자에 속하지만 그들의 예술은 자기 자신이 아닌 사회를 위한 것이다. 농업에 종사하는 농촌 여성 중의 민간 예술 고수는 민간 예술가가 아닌 민간 예술의 고수라고밖에 말할 수 없다. 민간 예술 고수 중 최고 실력자들은 민간 예술가와 마찬가지로 사회에서 민간 예술가나 민간 예술대가라고 칭송받지만 민간 예술가와는 다르다.

상 민간 예술가가 소가죽으로 그림자인형을 만들고 있다(섬서 화현).

하 민간 예술가가 구나 가면을 조각하고 있다(강서(江西) 평향(萍鄕)).

중국은 과거 2000년 동안 농경경제 사회였다. 하지만 상품경제가 발전함에 따라 농업 생산에서 벗어나 예술을 생계수단으로 삼는 민간 예술 창조자, 즉 민간 예술가가 탄생하였다. 민간 예술가는 남성들을 위주로 하여 개인적으로 예술 생산에 종사하는 경우도 있고 가족 단위의 가내수공업 형태도 있다. 민간 전지의 경우 민간 예술가가 전지를 생계수단으로 삼아 사회에서 필요로 하는 제품을 생산하였다. 이를 위하여 첫째, 생산수량을 최대한 높여야 하고 둘째, 사회의 심미기준에 맞춰야 하며 셋째, 내용, 종류, 예술형식에서 사회의 시대적 요구에 영합해야 했다. 때문에 그들이 만든 작품

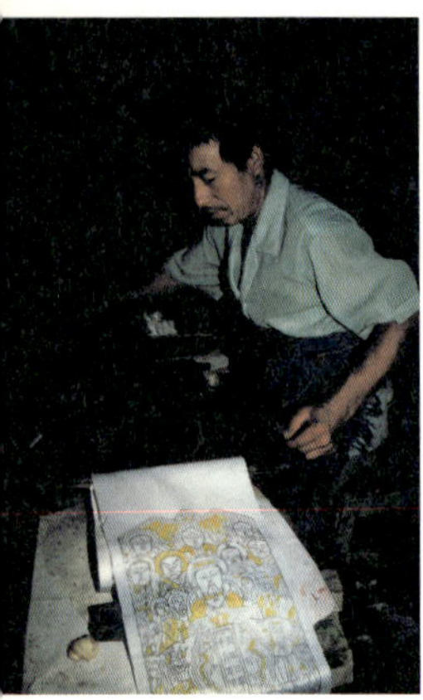

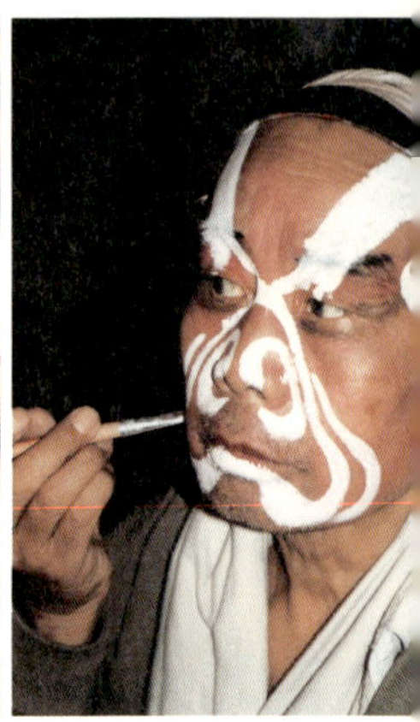

좌 목판 연화 공방에서 '부뚜막 신'을 인쇄하고 있다(하남 개봉(開封) 주선진(朱仙鎭)).

중 목조 장난감을 만드는 가정 공방(산동 담성)

우 민간 희극 「목련구모(目蓮救母)」에 출연하는 민간 예술가가 분장하고 있다(호남(湖南) 노계(瀘溪)).

은 도구와 재료에서 작품의 형식과 내용까지 많은 변화가 있었다. 생산 수량을 높이면서 정교한 솜씨를 보여주기 위하여 그들은 가위 대신 조각칼을 사용하였고 종이도 각지(刻紙)를 사용하였다. 민간 예술가의 각지예술은 세밀하고 정교하여 우아함의 극치를 보여준다. 민간 각지 예술가의 작품은 크게 두 가지로 나눌 수 있는데 하나는 주제 내용에서 예술 형식까지 원생태 민간 전지의 면모를 갖고 있지만 공예기술이 정밀한 것이고 다른 하나는 문인과 직업 예술가의 영향을 받아 희극 인물과 인물, 산수, 화조(花鳥), 누각정대(楼閣亭台)를 주제로 하는 중국화를 발전시킨 것이다.

목판 연화, 그림자인형극, 막대인형극, 구나 가면, 염색, 양탄자, 상례 때 사용하는 지찰, 연, 장난감, 돌조각 등의 민간 예술작품의 창작자는 농업에 종사하지 않거나 반농 상태에 있는 민간 예술가다.

1| **기수매**(祁秀梅): 중국 민간전지 예술 대가. 생졸년은 미상이나 이미 작고하였다.

2| **고숙란**(庫淑蘭, 1920~2004): 섬서 순읍(旬邑)현 적도향부촌(赤道鄕富村) 출신으로 중국 민간전지 예술의 대표적 인물이다. 중국 민간예술전 대상과 금상 수상하였으며 프랑스, 미국, 독일 등 세계 각국에서 그녀의 작품이 전시되었다. 1996년 유네스코에서 '중국 민간예술 대가'라는 호칭을 부여받았다.

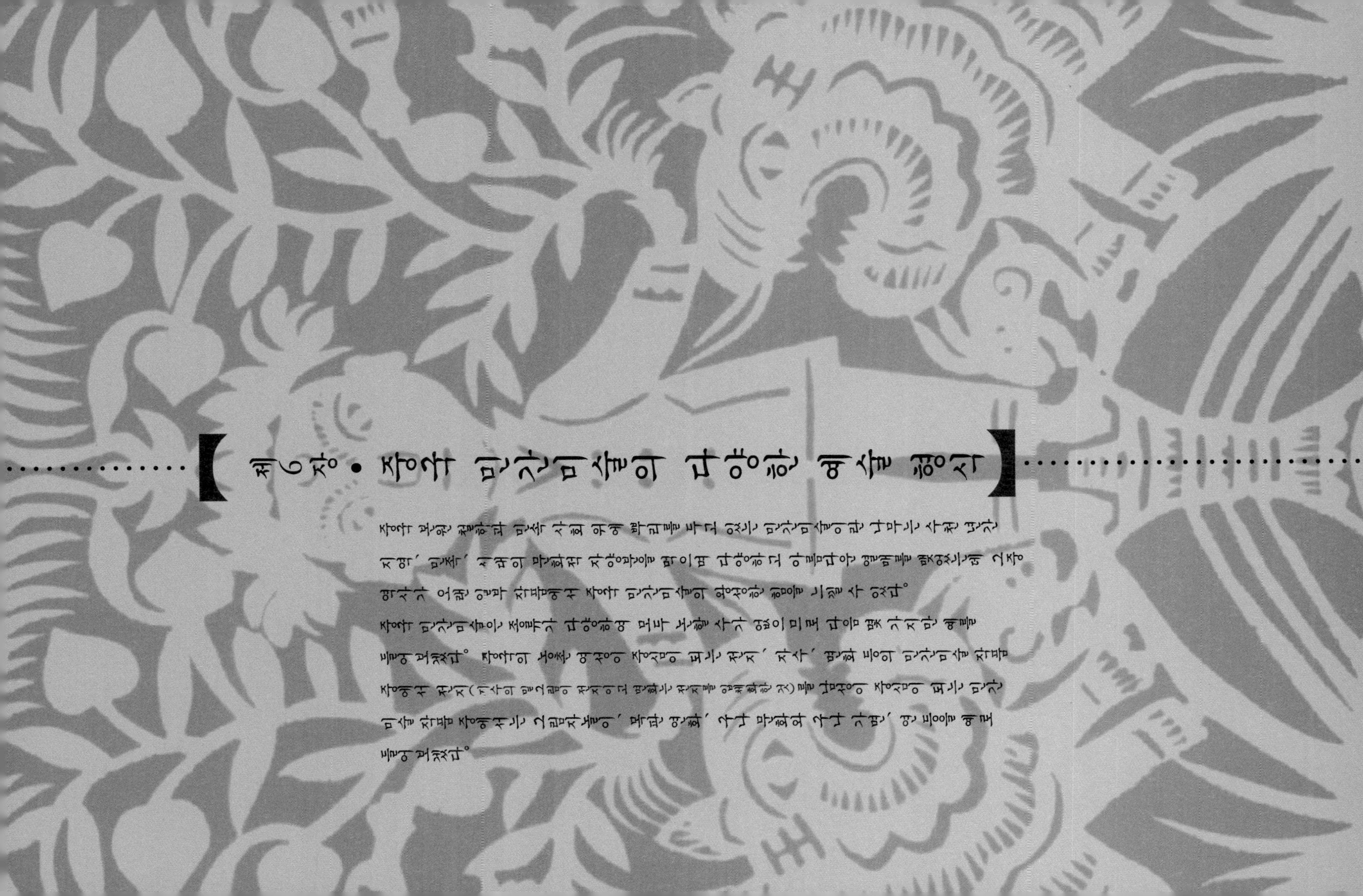

제6장 • 중국 민간미술의 다양한 예술 형식

중국 본원 철학과 민속 사회 위에 뿌리를 두고 있는 민간미술이란 나무는 수천 년간 지역, 민족, 시대의 문화적 자양분을 먹으며 다양하고 아름다운 열매를 맺었는데 그중 역사가 오랜 일부 작품에서 중국 민간미술의 왕성한 힘을 느낄 수 있다.

중국 민간미술은 종류가 다양하여 모두 논할 수가 없으므로 다음 몇 가지만 예를 들어 보겠다. 중국의 농촌 여성이 중심이 되는 전지, 자수, 면화 등의 민간미술 작품 중에서 전지(자수의 밑그림이 전지이고 면화는 전지를 입체화한 것)를 남성이 중심이 되는 민간 미술 작품 중에서는 그림자놀이, 목판 연화, 구나 문화와 구나 가면, 연 등을 예로 들어 보겠다.

전지

전지는 중국 민간 예술 중 가장 대중적이고 지역적 특성이 뚜렷하며 역사 문화적 의미가 풍부한 대표적 미술 형태다. 전지의 재료인 종이의 역사는 2000년에 불과하지만 전지의 문화적 의미와 예술적 형태에는 원시 사회에서 오늘날까지 중화민족의 역사 문화가 축적되

전통 민속전지 수병생명수(水瓶生命樹)(산동)

전지 대호조계인형생명수(對虎抓髻娃娃生命樹)(감숙 진원)

어 있다. 때문에 그 문화적 가치는 전지 자체를 뛰어넘어 철학, 미학, 고고학, 역사학, 민족학, 사회학, 인류 문화학적 가치를 갖고 있으며 중국 본원 예술 체계, 조형 체계, 색채 체계를 완벽하게 보여준다.

민간 전지는 중국 본원 철학의 문화적 형식으로 민속 문화 속에 잘 표현되어 있다. 민가에는 창화, 항위화, 요정화(窯頂花)[1], 토템 문신(門神) 등이 있고 생활도구 중에는 항화(缸花), 옹화(甕花), 민자(民瓷)전지 등이 있다. 또한 복식에서는 자수, 모자, 신발, 베개, 복대 등이 있다. 생일에는 토템 모체에서 탄생한 아기를 풍자한 호랑이베개, 인형베개, 물고기베개 전지를, 혼례에는 번식을 의미하는 음양어, 어교련, 연리생자 전지를, 상례에는 망자의 영생을 풍자한 생명의 나무 전지를 만든다. 명절 때 사용하는 전지로는 천지상교(天地相交), 만물맹생(萬物萌生), 자손번식, 오곡풍년을 풍자한 구완과 서교천개 전지가 있

조함어 무늬의 침화(枕花) 전지(섬서 안새)

다. 봄 밭갈이를 위해 정월에 문에 붙이는 춘우문신(春牛門神) 전지, 청명절에 조상에게 제를 지낼 때 묘에 꽂는 불탁(佛托) 전지(만족), 5월 단오절에 액과 재난을 막기 위해 사용하는 애호(愛虎) 전지 등이 있다. 무속 전지 중에는 생명 보호와 번식의 신인 조계인형과 다양한 변체가 있다. 묘족의 추우(椎牛)* 제단 위의 신기 인물 전지, 구나 제단 위의 나공나무(儺公儺母) 도화동(桃花洞) 전지 등 셀 수 없을 정도로 다양하다.

과거 찬란한 고대문명을 꽃피웠던 중화민족은 민간전지와 민간 예술, 민간 풍속 속에 풍부한 역사 문화유산을 잘 보존해 왔다. 민간전지는 살아 있는 역사 문화로 동일 지역에서 출토된 고고학, 역사 문헌, 신화 전설과 완전히 일치한다. 예를 들어 상고시대 3대 부락 중 하나인 장강 유역의 묘만(苗蠻) 부락은 4500년 전 황하 유역 화하(華夏) 부락과의 전쟁에서 패한 후 폐쇄된 서남 산간 지역으로 흘러 들어와 지금의 묘족과 요(瑤)족을 형성하였다. 문자가 없어 구두로만 전하던 묘족의 역사는 현존하는 묘족의 복식 전지에서 완벽하게 볼 수 있다. 묘족의 복식에는 묘족 탄생의 신화 전설과 여러 곳을 거쳐 이동해 온 전투의 역사가 구체적으로 기술되어 있다. 현재 황하 유역에 유행하는 자수의 밑그림에는 전수형, 반인반수형에서 인격화신형으로 발전해 온 상고 시대 토테미즘 및 그 역사를 잘 보여준다.

중국 민간전지는 철학과 예술 체계를 잘 보여주는데 이것의 기초가 바로 유교 제자백가 철학 이전의 중국 본원 철학 체계다. 이는 지하에서 출토된 유사 이전의 채도 도안과 완전히 일치한다. 여기에서 중국의 유사 이전 문화에 우리가 알지 못하는 완벽한 철학체계가 존재하고 있음을 알 수 있다. 이는 유사 이전의 채도 기호에서도 상응하는 해석을 얻을 수 있다. 예를 들어 전지에 있는 6000년의 앙소 문

* **椎牛**: 묘족의 주요 민족 행사

화의 채도 기호인 인면쌍어는 자연 형태의 물고기가 아니라 유사 이전의 철학 관념을 나타내는 문화적 기호다. 춘절과 혼례 전지에 나오는 구완도 철학 기호다. 민간전지의 시공을 초월한 특징, 두 개의 눈을 모두 표현하는 측면 형상의 본질관, 사발의 입구는 둥글게, 바닥은 직선으로 표현하는 천원지방(天圓地方) 관념은 모두 중국 본원 철학의 예술적 형태다.

중국은 땅이 넓고 민족이 다양하여 민간전지의 지역적 민족적 특징이 선명하다. 예술적 기풍에서 볼 때 북쪽 지역의 전지는 거칠고 순박하며 임의성이 강하지만 남쪽은 세심하고 우아하며 화려하다. 농촌 여성은 가위로 시공을 초월한 관념적인 구성, 조형, 색채를 표현한다. 하지만 도시와 남성의 민간전지는 칼로 조각하기 때문에 실사(實寫) 표현을 위주로 하며 정교하고 아름다우며 화려하다. 실생활 응용면에서 볼 때 복식 자수의 밑그림으로 사용되는 전지는 구도와 장식을 강조하여 한화상석(漢畵像石)처럼 내부는 투각하지 않고 테두리에만 간결하고 단순하게 장식하지만 동굴집의 창화는 투광이 되어야 하기 때문에 내부에 장식을 많이 한다. 특히 효동(膠東) 지역의 창화전지는 내부 장식이 거미줄처럼 섬세하여 사람들의 감탄을 자아낸다. 또한 민간전지의 전체적인 기풍에서 볼 때 전지예술의 대표적 작가들은 모두 개인적인 기풍과 독창성을 갖추었다. 예를 들어 섬서 순읍(旬邑) 고숙란(庫淑蘭) 할머니는 여러 층의 색채전지를 이어 붙이는데 이것은 대형 전지보다 훨씬 화려하다. 하북 위(蔚)현에 사는 왕노상(王老賞) 할머니가 화선지를 파고 염색하여 만든 희극인물은 개성이 뚜렷하고 색이 화려하며 완벽한 조형을 갖추고 있다.

중국 여성들은 지난 2000년 동안 가장 원시적인 도구인 가위, 바늘, 마지(麻紙)*를 이용하여 독특하고 뛰어난 표현력을 갖춘 전지라는 예술 표현 형식을 창조하였다. 전지는 도구와 재료의 원시성, 독특한 표현력, 창조자의 집단성, 광범위한 실용성에서 특별한 가치가 있다.

* **麻紙**: 삼을 원료로 하여 만든 종이

교통이 불편하고 종이가 부족한 산간 지역의 농촌 여성은 가위 하나로 표현력이 뛰어난 미술 작품을 만들었다. 이 가위는 바로 제사, 명절, 혼례, 생신, 집안 장식 등 생활에서 창조적 예술 활동을 할 수 있는 도구다.

신강(新疆) 토로번(吐魯番)의 아스타나 고분에서 5세기 남북조 시대의 다섯 폭짜리 단화전지가 발굴되었는데 여기에는 교미하는 한 쌍의 원숭이, 양, 사슴, 나비와 기하도형이 표현되어 있었다. 이런 단화전지는 1500년이 지난 오늘날까지 실크로드 주변의 감숙성과 섬서 일대에서 유행하고 있다.

신강 토로번 아스타나 고분과 탁당대(卓唐代) 고분에서는 전쟁터에서 싸우다 죽어 시신이 없는 고분 주인을 대신하는 지찰 인형 옆에 조계인형 7개가 손을 잡고 있는 전지가 발견되었다. 이것이 바로 영혼의 부활, 생생불식을 풍자한 것이다. 지금도 섬서의 백수(白水)와 팽아(彭衙) 일대 농촌에서 액막이로 사용하는 무속전지에서 이렇게 손을 잡고 있는 조계인형을 볼 수 있다. 1000여 년이 지난 오늘날까지 북쪽의 농촌에서 이런 무속전지가 유행하는 것은 그 문화적 의미와 사회적 기능이 비슷하기 때문이다.

민족과 지역의 문화적 특성을 확인하기 위해서는 복식자수 전지 밑그림을 살펴보아야 한다. 묘족의 전지에는 묘족 토템 조상인 단풍나무가 나비로 변한 후 물 위의 거품과 교합하여 강앙(姜央)*, 뇌공(雷公)**, 용, 호랑이, 뱀, 코끼리, 물소, 지네 등을 출산하고 홍수가 난 후 강앙(姜央) 남매가 부부가 되어 인류를 번식시킨 이야기가 기록되어 있다. 신강 위구르(維吳爾)족의 자수전지 도안은 태양 생명수, 대야, 물병 기하 도형의 복합적 변체이다. 섬서 관중의 고강(古羌) 문화 발상지에서 출토된 신발, 모자, 복대 자수 밑그림은 토템 호랑이와 오독을 진압하는 호랑이 도안 등이다.

민간전지의 예술 기법에도 특색이 있다. 북쪽의 농촌은 폐쇄적이

---

* **姜央**: 묘족의 시조

** **雷公**: 천둥 번개를 다스리는 신

춘절 토템 전지 녹두화(鹿頭花)(산서 신강(新絳))

면서 안정적인 자급자족의 소농 경제에 속한다. 그곳의 여성은 가위와 마지만 있으면 작은 창화에서 6m 길이의 전지까지 만들 수 있다. 그녀들은 전지를 만들 때 북쪽 사람의 스타일에 맞게 초안을 잡지 않고 가위로 바로 잘라가며 과감하게 표현한다. 장강 유역과 동남쪽의 연안 지역은 남송 시대부터 자본주의 상품경제가 싹트기 시작하였기 때문에 일찍부터 시정(市井) 문화가 발전하였고 남성 위주의 전지 예술이 유행하였다. 그들은 민속 생활의 변화와 상품시장 체제, 시정문화의 미학관에 따라 여러 장의 각지(刻紙)를 겹쳐서 만드는 투각 전지 기법을 창조하였다. 그중 명인이 만든 산수, 가당(庭堂), 원림(園林), 인물, 화조(花鳥), 풀벌레 등은 마치 살아 움직이는 것 같다. 이것이 바로 북쪽 농촌 여성 전지와의 차이점이다.

민간전지 중 규모가 가장 큰 것은 민속생활에 사용하는 전지로 명절에 사용하는 용등(龍燈)지찰, 상례에 사용하는 전지지찰, 구나 의식에 사용하는 전지지찰, 묘족 추우의 전지지찰 등이다.

현재 역사 문화유산으로서 민간전지는 중국과 멕시코에서만 볼 수 있다. 하지만 멕시코의 전지는 우리가 말하는 전지가 아니라 청명절에 사용하는 지찰이다. 1980년대 초 필자는 프랑스에서 마티스 및 직업 예술가의 전지작품 외에 프랑스의 대중적인 민간전지가 거의 소멸되었다는 것을 확인할 수 있었다. 당시 필자는 40여 개의 민속박물관을 방문하였는데 그중 오를레앙 시 부근 패제미에라는 작은 마을의 박물관에 민간전지 두 개가 있었다. 하지만 전시 중 손실을 우려하여 금고에 보관하고 있었다. 필자가 세계를 돌아다니며 조사한 바에 따르면 직업 예술가의 전지가 있는 나라는 많지만 대중적인 민간전지는 거의 볼 수 없었다. 구미 국가뿐 아니라 4대 문명국 중에서도 민간전지를 보유한 나라는 중국뿐이니 인류가 보호 계승 발전시켜야 할 가장 중요한 문화유산 중 하나다.

그림자인형극

“음악소리가 들려오면 연주에 맞춰 그림자인형이 춤을 춘다. 무대 뒤의 사람들은 열손가락으로 작은 인형을 조정하며 관객을 울고 웃긴다. 소가죽으로 만든 작은 인형의 몸에 인생사 희로애락이 담겨 있고 충신, 간신, 현인, 악인을 모두 볼 수 있다.” 문학, 희극, 음악, 미술이 결합한 그림자놀이를 사실적으로 묘사한 글이다. 그림자인형극의 가장 중요한 도구인 그림자인형도 민간 예술의 중요한 영역이다.

그림자인형극은 섬서에서 ‘영자희(影子戲)’, 하북에서는 ‘난주영(灤州影)’, 동북에서는 ‘여피영(驢皮影)’, 사천에서는 ‘등영희(燈影戲)’, 절강에서는 ‘피건건(皮囝囝)’, 광동에서는 ‘지영자(紙影子)’, 복건에서는 ‘추피후(抽皮猴)’, 대만에서는 ‘피후희(皮猴戲)’라고 부른다.

그림자인형극과 막대인형극은 중국의 인형극 중 가장 오래되고 인기 있는 예술극이다. 명절이나 화회(花會)*, 묘회(廟會), 춘기추보(春祈秋报)**, 수신환원(酬神還願)***, 소재납복(消災納福)****, 홍백희사(紅白喜事)*****, 득자하호(得子賀号)****** 등의 행사에 항상 볼 수 있었다. 일반적으로 인형 및 무대 장치인 영상(影箱) 주인이 극단을 구성하지만 가족으로 구성된 극단도 있다. 연대본희(連臺本戲)[2], 단본희(單本戲)[3], 절자희(折子戲)[4] 등 종류도 다양하다. 연대본희를 공연하려면 7~8일, 심지어 보름이 걸릴 수도 있기 때문에 낮에는 막대인형극을, 저녁에는 그림자인형극을 공연하는 극단도 있다. 본희(本戲) 전에는 경신희(敬神戲)를 먼저 공연한다. 자식이 태어난 지 한 달이 되었을 때는 「송자랑랑(送子娘

---

* **花會**: 춘절 기간에 거행되는 민간 체육, 문예 활동의 하나

** **春祈秋报**: 봄에는 풍년을 바라는 제사를 지내고 가을에는 추수 감사제를 지내다.

*** **酬神還願**: 소원성취를 감사하다.

**** **消災納福**: 재앙을 막고 복을 받다.

***** **紅白喜事**: 혼례나 상례

****** **得子賀号**: 득남을 감사하다.

* **關帝廟**: 관우(關羽)를 모신 사당

娘)」을, 노인 생신에는 「복록수삼성(福禄寿三星)」을, 건축물 상양식에는 「노반사전(鲁班師傅)」을 공연한다. 또한 관제묘(關帝廟)*에서 제를 올릴 때는 「강마대제관우(降魔大帝關羽)」를 공연한다. 농촌의 민간 그림자인형 극단은 5~6명에서 7~8명까지 수가 다양하지만 두 명인 경우도 있다. 그림자인형극 단원은 일반적으로 농업에 종사한다. 그들은 농한기에 도구를 어깨에 메거나 낙타, 마차에 싣고 각 마을을 돌아다니며 임시무대를 설치한 후 공연한다. 무대는 보통 1~2m 이상의 나무틀에 하얀색 천을 덮어 만드는데 이를 '영창자(影窗子)' 또는 '양자(亮子)'라고 한다. 무대 뒤에 등을 걸어놓고 단원들이 노래와 반주에 따라 그림자인형을 천 가까이 대고 조정하면 그림자인형과 세트가 천에 비춰지면서 공연이 시작된다. 무희(武戲)[5]의 주인공이 신출귀몰한 무술실력으로 상대방을 제압할 때나, 문희(文戲)[6]의 주인공이 눈물 흘리는 장면이 나오면 무대 아래의 관객도 공연에 빠져든다. 전통 그림자인형극의 인형은 35cm이지만 일부 지역에서는 더 큰 인형을 사용하기도 한다. 대부분 소가죽(섬서, 산서, 감숙, 청해, 하남, 호북, 사천, 운남)을 사용하지만 당나귀 가죽(하북, 내몽고, 동북3성, 산동)이나 양 가죽(절

그림자인형의 제작(섬서 화현)

무술극을 주로 하는 하남(河南) 란남(灤南) 그림자인형 극단의 공연 모습

강, 광동)을 사용하기도 하거나 채색한 가죽과 오린 종이를 색실로 끼워서(강서, 호남) 제작하는 곳도 있다.

그림자인형극은 집안 대대로 전해 내려오는 기술이기 때문에 여기에 종사하는 노인들은 경험이 매우 풍부하다. 그들은 가죽을 골라 손질한 후 잘라서 색을 입히고 꿰매는 복잡한 공정을 마치고 목을 움직이게 하기 위하여 인형 목 부분에 고리를 추가하여 머리, 양쪽 어깨, 상체, 하체, 양 다리 등 움직이는 부위를 조합한다. 마지막으로 인형의 목과 양 손에 3개의 막대를 달아 공연 시 이를 이용하여 조종한다. 신분에 따라 한 개의 인형에 4개의 머리를 갈아 끼울 수 있다. 그림자인형극의 배역은 생(生)*, 단(旦)**, 정(净)***, 추(丑)****로 나눠지는데 80개 몸에 400개의 머리를 갈아 끼우고 책상과 의자, 수레와 말, 장막, 가마, 배, 집, 절 및 천지수(天地水)의 화려한 장면을 추가하면 100~200편의 극을 연출할 수 있다. 인형의 얼굴은 대부분 정면과 측면을 보여주고 있어 '반변검(半邊臉)'이나 '오분검(五分臉)'이라 부르지만 어릿광대와 악역은 반측면이기 때문에 '칠분검(七分臉)'이라 하고 신선과 석가모니는 대부분 정면이다. 인형의 몸은 7등분되어 있다. 그림자인형을 만들 때는 칼이 중요하기 때문에 칼솜씨가 뛰어나

* **生**: 남자

** **旦**: 여자

*** **净**: 악한

**** **丑**: 어릿광대

설창을 위주로 하는 감숙 도정(道情) 그림자인형 극단의 공연 시 조작 모습

야 한다. 특히 윤곽선을 실처럼 가늘게 조각하는 것이 중요하다. 그림자인형의 조각 도안에는 눈꽃, '만(卍)'자, 부귀(富貴), 매화(梅花), 생선 비늘, 솔잎, 여성의 눈 등 다양한 무늬가 있다. 그림자인형의 색채는 선명하면서 투명해야 하기 때문에 흑색, 홍색, 황색, 녹색 등을 많이 사용한다. 반주악기로는 사현(四弦), 남현(南弦), 호금(胡琴), 월금(月琴), 고(鼓), 라(鑼), 대고(大鼓), 대라(大鑼), 대발(大鈸), 소발(小鈸), 횡적(橫笛), 수판(手板), 쇄눌(嗩吶) 등이 있다. 조형과 곡조, 악기에서 지역에 따른 그림자인형극의 특징이 잘 나타나 있다.

중국 그림자인형극은 원시 종교인 도가(道家)의 방사(方士)*에서 시작되었는데 최초의 기록은 한(漢)[7]대에 나타난다. 한 무제(武帝)가 죽은 이부인을 그리워하여 방사를 불렀는데 방사가 밤에 막을 걸고 초를 켜서 이부인의 그림자를 만드니 한무제가 그걸 보고 더욱 슬퍼했다는 이야기가 전해진다.

당(唐)[8]대 인도에서 불교가 전래되면서 정치, 문화의 중심이었던

* 方士: 술법을 닦는 사람

수도 장안(長安)과 비단길 일대에는 스님이 매일 밤 탄법회(壇法會)를 열고 그림으로 된 이야기책을 음송하면서 불경과 불전을 전파했다는 이야기가 전해 내려온다. 도교 도사(道士)도 『도덕경』과 도교의 교리를 설명하였다. 이렇듯 설창(說唱)[9] 형식으로 당대의 도교 곡패(曲牌)*와 어고(漁鼓)**를 간판(簡板)***으로 반주를 맞추어가며 설명하는 방식은 현재도 하남 서쪽, 용동, 산서 남쪽에 전해 내려오고 있다. 이런 불교, 도교의 그림을 걸어놓고 속강(俗講)****하는 방식은 무대 뒤에 등을 걸어놓고 종이인형이나 가죽인형으로 이야기를 들려주는 형식으로 발전하였다. 지금도 섬서 화현에서는 그림자인형극을 '격지설서(隔紙說書)*****'라고 말한다. 화현의 그림자인형극 「완완강(碗碗腔)」도 인도 불교에서 전래된 작은 동종(銅鍾)과 비슷한 박자를 맞추는 악기인 '완완(碗碗)'에서 이름을 따왔다.

북송(北宋)[10] 시대에는 상업경제가 발전함에 따라 설창예술도 발전하기 시작하였다. 중국의 그림자인형극은 신에게 경을 읽어주는 형태에서 인간에게 이야기해 주는 형태로 변화했다. 송대 맹원로(孟元老)의 『동경몽화록(東京梦華錄)』에는 다음과 같은 내용이 있다. "도성인 변량(汴梁)[11]에서는 정월 16일 밤이면 모든 문에 궁중 악단을 설치하

* 曲牌: 중국 전통극은 가극 형식으로 되어 있는데 그 곡 하나하나의 명칭을 곡패라고 한다.

** 漁鼓: 타악기

*** 簡板: 한 자 남짓한 대판이나 나무판 두 쪽으로 된 타악기의 일종

**** 俗講: 중국 당나라 중기 이후에 중이 속인을 대상으로 행하였던 통속적인 설법

***** 隔紙說書: 종이 뒤에서 책을 읽어주다.

섬서 동로(東路) 소가죽 그림자인형(청대)

좌 원나라 때 이집트에 전래된 소가죽 그림자인형(촬영 독일 베를린 박물관)

우 섬서 서로(西路) 소가죽 그림자인형(명대)

니 거리가 온통 흥청거렸다. 골목에는 악단 대신 그림자놀이 무대가 설치되었다. 관객들은 날씨에 상관없이 모두 나와서 구경하였다." 또한 송대 고승(高承)의 『사물기원(事物紀原)』 등에는 북송 인종 때 상인들이 삼국영희(三國影戲)[12]를 공연하였는데 관우의 목이 잘리는 대목에서 모두들 울었다는 내용이 적혀 있다. 그림자인형극의 내용은 속강에서 소설, 전기(傳奇)[13], 재판, 역사 화본(話本)[14] 등으로 변화하였다.

명(明)[15]과 청(淸)[16]대에 이르러 그림자인형극은 크게 발전하여 조각은 더욱 정교해지고 대본도 더욱 다양해졌다. 여전히 인기 있는 연대본희 역사극 「봉신방(封神榜)」, 「오봉회(五鋒會)」, 「변량도(汴梁圖)」, 재판극 「포공안(包公案)」, 「시공안(施公案)」, 민간 화본 「유월설(六月雪)」, 「이두매(二度梅)」, 「백사전(白蛇傳)」, 민속을 다룬 「뇨사화(鬧社火)」, 「매잡화(賣杂貨)」, 신중국 성립 후 시사뉴스를 근거로 만든 「백모녀(白毛女)」, 「적엽하(赤叶河)」, 「유호란(劉胡蘭)」 등의 수백 가지 내용이 유구한 역사와 깊이 있는 관객층을 가진 중국 그림자인형극의 무한한 생명력을 보여준다.

13세기와 15세기 중국의 그림자인형극은 인도, 말레이시아 등의 동남아시아 국가로 퍼져나갔다. 13세기 이후 몽고군대의 서역 정벌에 따라 페르시아, 터키, 북 이집트로 전파되었다. 17세기 이후 서양

호북 소가죽 그림자인형(청대)

하북 난주(欒州) 소가죽 그림자인형(청대)

의 천주교 전도사들이 중국의 그림자인형극을 이탈리아, 독일, 프랑스에 전파하였고 프랑스 루이 14세 때는 베르사유 궁에서 그림자인형극이 공연되기도 하였다. 독일의 대문호 괴테는 1774년 중국의 그림자인형극을 소개하였고 1781년 독일의 이야기를 내용으로 하는 그림자인형극을 연출하였다. 당시 그림자인형극은 '중국 그림자인형극'으로 불렸다. 현대에 들어와 중국은 경제 발전과 영상 기기의 발전으로 인하여 용동의 환(环)현, 요령(遼寧)의 조양(朝陽) 등 소수 지역을 제외하고는 전통 그림자인형극이 점차 쇠퇴하는 추세다. 1980년대 전국적으로 1,000여 개였던 극단이 현재 200여 개밖에 남지 않았다.

목판 연화

중국은 목판 인쇄의 발상지로 세계 판화 역사에서 명성이 드높다. 중국의 목판 연화는 대부분 춘절에 제작된다. 목판 연화의 내용은 주로 액막이, 풍년장수, 평안부귀, 만사형통으로 다양한 구도와 화려한 색채가 특징이며 주로 행복에 대한 바람을 표현하는 것이다.

목판 연화의 내용과 형식은 매우 다양하다. 사악한 기운을 쫓기 위해 문에 붙이는 문신인 신호(神虎), 금계(金鷄), 문무문신(文武門神), 입구 가림벽에 붙이는 초재진보(招財進寶)*나 '복(福)'자, 안채 한가운데 붙이는 중당(中堂)**인 종규(鍾馗)***, 천관사복(天官賜福)****, 복록수성(福

* 招財進寶: 재물을 부르는 내용

** 中堂: 거실 한가운데 거는 족자

*** 鍾馗: 역귀(疫鬼)를 쫓아낸다는 신

**** 天官賜福: 복신(福神)인 천관이 내려와 인간에게 복을 주다.

청대 목판 연화 문신 신도(神荼)와 울률(郁壘)(천진(天津) 양류청(楊柳靑))

임서(林西)현 문관(文管)에서 소장하고 있는 1992년 파림우기(巴林右旗)의 파언이등(巴彥尔登)에서 출토된 채색 문신 목판화

禄寿星), 침실 벽에 붙여 감상용으로 사용하는 연화와 족자(이야기, 생활풍습, 미녀인형, 산수화어, 시사 이야기), 찬장에 붙여 먼지를 막는 역할을 하는 가로폭 연화가 있다. 또한 역사이야기, 사자웅계(狮子雄鷄), 길상무늬, 항위화, 창화, 탁위(桌圍), 괘전(挂錢), 조마(竈馬), 등화(燈花), 공덕지(功德紙) 등 수십 종에 이른다.

민간 연화의 역사는 유사 이전에서 시작되는데 최초의 민간 연화는 문신(門神)이다. 보호신인 문신은 자연동물 숭배, 신격화 신, 인격화 신의 3가지 발전단계를 걸쳤다. 기록에 따르면 유사 이전에는 집 위에 닭을, 문 위에 호랑이를 그리는 풍속이 있었다. 섬서의 관중, 내몽고의 포두(包頭), 하남의 영보(靈寶)에서는 춘절 때 대문 양쪽에 대신호(對神虎)*, 대금계(對金鷄)**, 대금우(對金牛)*** 전지를 붙이는 풍속이 남아 있다. 명대와 청대 북쪽의 목판 연화에는 신호, 신계를 보호신으로 삼는 전통이 있다. 기록에 따르면 '옛날 문에 붙이는 문신은

* **對神虎**: 한 쌍의 호랑이 신

** **對金鷄**: 한 쌍의 금계

*** **對金牛**: 한 쌍의 금송아지

좌 각판사가 초고에 따라 조각하고 있다(하남 주선진).

우 청대 목판 연화의 선각색판(線刻色版)(하남 주선진)

모두 귀신을 잡는 기능이 있다', '울(鬱)과 률(壘)이라는 문신이 있는데 갈대로 새끼를 꼬아 귀신의 동정을 살폈다'라고 한다. 문신이 신격화 신에서 인격화 신으로 발전하면서 당대 명장인 진숙보(秦叔寶), 위지공(尉遲恭)이 진택보호신(鎭宅保護神)*으로 출현하였다. 기록에 따르면 당 태종(이세민)이 마음이 괴로워 잠을 자지 못하는데 문 밖에 벽돌을 던지고 기와를 깨뜨리는 소리와 귀신 소리가 들렸다. 태종은 두려워서 신하들에게 이 이야기를 하였다. 진숙보가 위지공과 무장하고 문 앞을 지키겠다고 하니 태종은 무사히 잠을 잘 수가 있었다. 태종은 이 진숙보와 위지공의 초상화를 그려서 궁 문에 붙여놓게 하니 귀신이 잠잠해졌다고 한다. 후세에서도 이를 이어받아 계속 문신으로 삼은 것이다. 민간 연화는 대부분 이 전설에 따라 군장을 한 장군의 초상화를 제작하여 문신으로 삼았다.

다민족 국가인 중국에서는 각 민족마다 나름대로 문신이 있다.

* **鎭宅保護神**: 악귀를 몰아내는 보호신

1999년 섬북 연천현 소정촌(小程村)의 한 동굴집 입구에서 1300년 전 북조(北周) 시대 때 북방 호인(胡人)의 완벽한 융장석각(戎裝石刻)* 문신이 발견되었다. 이것이 필자가 본 중국 최초의 문신이다. 그 후 임서(林西)현 문관(文管)에서 보관하고 있는 1992년 파림우기(巴林右旗)의 파언이등(巴彦尔登)에서 출토된 계단(契丹)족 요(遼)[17] 대 고분에서 출토된 네 폭 목판에서 손으로 채색한 문신을 다시 볼 수 있었다. 프붓으로 그려 소탈하고 호방하며 민족성이 강한 이 작품은 하남 송릉(宋陵)의 송대 문신과 같은 시기에 속한다.

당대 목판 연화 요전수(搖錢樹)(산동 유방(濰坊))

송대 상품 경제와 수공예 생산의 번영과 조판 인쇄의 발전에 따라 북송(北宋) 이전 손으로 그리던 연화 위주에서 조판 인쇄 시대에 진입하면서 종류와 내용이 크게 발전하였다. 당시의 풍속, 생산, 농가풍물, 백자희춘(百子戲春)**, 자손화합, 선암수록(仙岩寿鹿)*** 등 모두 민간 연화의 소재가 되었다. 북송 때 주밀(周密)은 『무림구시(武林旧时)』에서 '10월이 되면 조천문(朝天門) 안팎에서는 크고 작은 문신, 도부(桃符)[18], 종규, 산예(狻猊)****, 호두(虎頭) 및 금채루춘화첩(金彩縷春花貼), 번성(燔勝) 등의 물건이 무수하였다'라고 기록하였다.

명대 말기 목판 채색 인쇄의 발전으로 중국 목판 연화는 전래 없는 발전기에 접어들었다. 청대 건륭성세(乾嘉盛世)에는 역사소설, 희극, 격경병화(格景瓶花), 복장과 인물 및 시사풍물이 목판 연화의 소재로 사용되었다. 민간 예술가의 조판과 회화기법은 정교해지고 색채는 선명하고 화려해졌다.

중국의 유명 목판 연화 조판인쇄 제작공방으로는 천진의 양류청, 소주(蘇州)의 도화오(桃花塢), 사천의 면죽(綿竹), 산서의 임분(臨汾)과 신강(新絳), 하남의 주선진(朱仙鎭), 호남의 융회탄두(隆回灘頭), 산동의

* **戎裝石刻**: 군장한 군인을 돌에 조각한 것

** **百子戲春**: 사람들이 웃고 있는 그림

*** **仙岩寿鹿**: 자연 속에 신선과 사슴이 있는 풍경

**** **狻猊**: 전설 상의 맹수

* **墨線稿**: 먹줄 초안

위(濰)현, 평도(平度), 유성(聊城), 하북의 무강(武强), 복건의 장주(漳州), 광동의 불산(佛山), 섬서의 봉상(鳳翔) 등이 있는데 각자의 독특한 기풍과 면모를 자랑하고 있다.

민간 목판 연화의 제작은 초안을 잡고, 판에 새겨서 인쇄하고 색을 입힌 후 손으로 그리는 공정으로 나누어진다. 먼저 화공이 묵선고(墨線稿)*, 색채효과고(色彩效果稿)와 여러 장의 색고(色稿)를 완성한다. 그런 다음 판에 새기는데 각판사(刻版師)는 그림을 정확히 새길 수 있도록 배나무 판에 초안을 뒤집어 붙인다. 조각할 때 선은 힘이 있고 명쾌하여야 하며 한 치의 오차도 있어서는 안 되기 때문에 각판사는 고난도 기교가 필요하다. 색고에 따라 색판을 조각한 후에 인쇄한다. 인쇄공은 조판을 책상 위에 놓고 주판의 조판과 겹쳐놓은 종이를 고정한다. 먼저 주판의 묵고를 인쇄한 후 주판을 내려놓고 색고를 하나하나씩 인쇄하는데 그림이 찌그러지면 안 된다. 중화민국 때는 홰나무로 황색을, 소목(蘇木)으로 짙은 홍색을, 쪽물감으로 남색을, 냄비 바닥의 연기로 흑색을 만들었으나 나중에 홍색, 녹색 물감을 수입하면서 색이 더욱 화려하고 강렬해졌다. 목판 연화는 인물의 얼굴과 손 및 가공이 필요한 부분은 수공으로 그려야 한다. 그중 얼굴의 표정에 더욱 신경 써야 한다. 노인 예술가들은 겸공대사(兼工帶寫)[19]를 사용하기 때문에 그림의 얼굴이 준수하고 생동감 있다.

구나 문화와 구나 가면

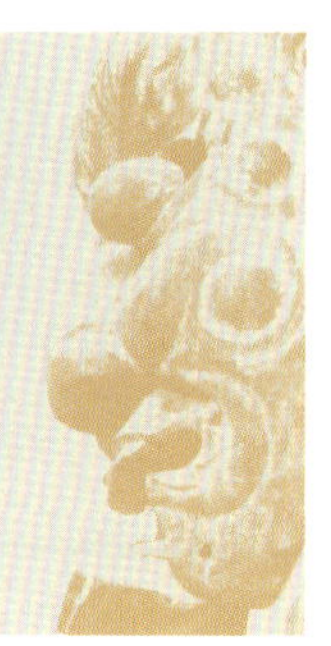

나(儺)신은 중국 민간 전설 속에 나오는 역병을 쫓는 신이다. 1980년대 필자가 장강 중류 동정호(洞庭湖)와 파양호(鄱陽湖) 사이 상공(湘贛)의 변경 지역 강서 평향(萍鄉)에 갔을 때 '5리마다 장군 하나를 모시고 10리마다 나신 하나를 모시는' 구나 문화가 유행하는 것을 볼 수 있었다. 필자는 이곳에서 고대 토템 문화와 부락 문화를 느낄 수 있었다. 사마천(司馬迁)의 『사기(史記)』에는 '예전 삼묘씨(三苗氏) 나라에는 왼쪽에 동정(洞庭)이 오른쪽에 팽려(彭蠡)가 있었다'라고 기록되어 있다. 이것은 바로 동정호와 파양호 사이에 있는 상공지역이 바로 대표적인 구나 문화인 고대 장강 유역의 치우(蚩尤)가 이끄는 삼묘구려 부족 문화의 발상지라는 것을 말해 준다.

나신묘(儺神廟)의 나의(儺儀) 활동(강서 평향)

1989년 강서 신간상묘(新干商墓)에서 출토된 송곳니를 드러낸 우각인면(牛角人面) 청동신면(青銅神面)과 부근의 청강(清江) 오성(吳城) 유적지에서 출토된 가면도범이 바로 역사에 기록된 치우의 청두(銅頭), 두우각(頭有角)의 토템 형상이다. 이것은 또한 평향 구나 문화의 송곳니를 드러낸 우각인면의 개산(開山) 가면 형상이다. 필자는 여기에서 『주례(周禮)』의 하관(夏官)에 기재된 '방상씨는 곰 가죽을 입고 금으로 만든 눈이 네 개 달린 가면

도나(跳儺)(강서 평향)

나희「장문현(章文顯)」(안휘(安徽) 귀지(貴池))

을 쓰고 검은 저고리에 붉은 치마를 입고 창과 방패를 들고 한 무리의 사람들을 이끌고 악귀를 찾아 쫓아냈다'라는 상주(商周) 시대 구나 가면을 쓰고 귀신을 쫓아내는 무속활동을 볼 수 있었다. 이것은 장강 중류에서 시작하여 장강 전체로 퍼진 후에 천악(川鄂)과 섬남(陝南)을 지나 황하 중류의 중원 문화와 만나 원시 시대부터 지금까지 7000년 동안 역사 문화의 활화석이 되었다.

시대적 지리적 배경에서 볼 때 호남에서 출토된 7500년 전 이가

강서 평향 호동(湖東) 나신묘에서 보존하고 있는 원, 명, 청 대의 구나 가면

현대 구나 가면(강서 평향)

튀어나온 호면무늬 도기와 섬서와 감숙에서 출토된 6000년 전 이가 튀어나온 호랑이 무늬 도기와 골기(骨器), 그리고 강소(江蘇) 오(吳)현에서 출토된 5000년 전 양저(良渚) 문화의 송곳니를 드러낸 호면(虎面) 옥그릇에서 장강 유역에서 황하 유역까지의 호랑이 토템 문화를 볼 수 있었다. 이것과 그 후 강서 신간상대대묘(新干商代大墓)에서 출토된 우각호아(牛角虎牙)의 청동 가면, 사천 광한(廣漢) 삼성퇴(三星堆)에서 출토된 상대 청동 우두가면은 중국 구나 문화 가면의 시대적 지역적

좌 원대 목조 구나 가면(측면)

우 원대 목조 구나 가면(정면)

발전 순서를 보여준다. 이것은 보호신의 특색을 갖춘 중국 전신(戰神)의 이미지를 형성하였다.

장강 유역의 나의(儺儀)*, 나무(儺舞)**가 나희(儺戲)***로 발전하는 과정 중 사람들은 상서(湘西)와 귀주(貴州)의 나공나모(儺公儺母), 강서의 당(唐), 갈(葛), 주(周) 3대 장군, 문상무장(文相武將)****, 문생화단(文生花旦)*****, 신귀승도(神鬼僧道)****** 등의 개성 있는 구나 가면을 창조하였다. 예를 들어 용감무쌍한 무장, 공정한 재상, 아름다운 여성, 자상하고 착한 노인, 이가 튀어나온 귀신 등의 규격화된 가면, 상징적인 색채, 장식 기호는 선악과 미추(美丑)를 남김없이 드러냈다. 전염병을 쫓아내고 바른 기운을 세우며 행복한 생활을 원하는 사람들의 바람 때문에 구나 문화가 수천 년 동안 쇠퇴하지 않을 수 있었다.

송, 원, 명, 청나라 시대 이후 평향의 구나 신묘에 전해 내려오는 반듯하면서 부드럽고 대범하면서 신비로우며, 흉악하고 세련되면서 투

---

* **儺儀**: 역신을 막는 활동

** **儺舞**: 무서운 탈을 쓰고 손에 창칼을 든 채 역귀를 몰아내는 춤

*** **儺戲**: 중국의 안휘, 귀지(貴池), 청양(靑陽) 일대, 호북(湖北) 서부 산간 지대에서 유행하는 희곡의 일종

**** **文相武將**: 문신과 무신

***** **文生花旦**: 문인과 여성

****** **神鬼僧道**: 귀신과 승려

박한 목조 예술의 기풍은 장강 유역 목조 구나 가면의 독특한 특색이 되었다. 평향 상동(湘東) 지역의 7대 전승자인 진단발(陣團發)을 대표로 하는 민간 예술가의 구나 가면 목조 예술은 예전 구나 가면의 예술 기풍을 잘 계승하여 상공(湘贛)의 구나 문화 발상지의 문화적 특색을 잘 보여준다.

액을 막고 복을 불러오며 전염병을 쫓는 기능을 갖고 있는 중국 민간의 구나 문화에는 중화민족의 역사 문화가 화석처럼 살아 있다.

연

중국은 전 세계 연의 발상지이며 태양과 새를 숭배하는 하남과 산동 지역은 중국 연의 발상지다. 하남 개봉(開封)에는 현재까지 연의 원형이 보존되어 있다. 필자가 개봉에서 연을 만드는 80세의 백금성(白金聲) 노인을 방문했을 때 그는 필자에게 개봉에서는 연을 '호(昊)'라고 부른다고 말했다. '3월 3일에는 넓은 하늘(昊天)에서 싸운다'라는 속담이 있다. 청명절 전후에 황하 주변에서 연을 날리는데 남자는 연을 날리고 여자는 그네를 탄다. 예전의 연은 색종이를 사용하지 않아 모두 흰색이었고 연 위에 그림을 그린 건 한참 후의 일이다. 1, 2급 바람에는 마괘(馬褂)를, 4급 이상의 바람에는 동호(筒昊)을 날렸다.

제비 연

백금성 노인의 말에 따르면 개봉에서는 연을 호라고 부르는데 이것은 원시적인 연으로서 호는 하늘, 즉 태양을 의미한다. 한자 구성을 보면 호는 '하늘 천(天)'과 '날 일(日)'로 구성되어 있다. 즉 호는 통천의 의미로 봄에 연을 날리는 것은 통달양기(通達陽氣)의 의미다. 상고 시대의 태한(太昊), 소한(少昊) 씨족은 모두 하늘과 양을 숭배하는 부족이었다. 그중 새를 숭배하는 소한 부족의 발상지가 바로 하남, 산동이다. 소한 부족의 토템 휘장이 쌍미연(雙尾燕)인데 이것이 바로 백금성 노인이 말한 대각 연(大脚燕)이다. 그리고 태양 속의 금조(金鳥)가 바로 꼬리가 갈라지지 않은 독각 연(獨脚燕)인데 백금성 노인

마괘 연(하남 개봉)

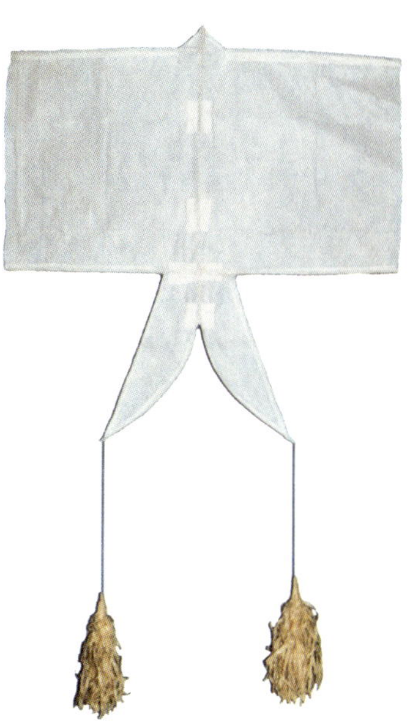

대각 연(하남 개봉)

팔괘 연(촬영 남경 박물관)

마괘 연(호남 도강)

연 날리는 그림

의 말하는 까마귀가 바로 금조태양조(金鳥太陽鳥)다. 후대의 새 모양 연의 변체는 모두 여기에서 발전한 것이다. 두 번째 연의 형식은 어떤 생명 기호에서 발전한 것이다. 이것이 바로 노인이 말한 마괘(馬卦)다. 마괘의 T형 기호는 통천통양 기호로서 우리에게 가장 익숙한 것은 호남 마왕(馬王) 퇴한묘(堆漢墓)에서 관을 덮은 T형 기호인데 이것은 망자의 영생을 기원하는 기호다. 필자가 발견한 바에 의하면 호남에서 봄에 날리는 연에는 아직도 백금성 노인이 말한 그 하얀 색의 마괘 기호가 있는데 그 의미는 살아 있는 사람에게는 장수, 마왕 퇴한묘 속의 죽은 이에게는 영생을 의미하는 생생불식의 기호다.

역사 문화의 발전 속에서 연은 자신의 풍부하고 다채로운 예술 형태를 파란 하늘 위에 전시하였다. 하지만 그 생명 의식의 문화적 의미는 변하지 않았다.

1. **요정화**(窯頂花): 동굴집 천장에 붙이는 그림
2. **연대본희**(連臺本戲): 한 편이 이야기를 전부 공연하는 것
3. **단본희**(單本戲): 민간에서 구두로 전해오는 이야기를 각색한 것
4. **절자희**(折子戲): 여러 막 중에서 클라이맥스나 관객들이 좋아하는 한 개의 막을 독립적으로 연출한 극
5. **무희**(武戲): 무술극
6. **문희**(文戲): 중국 전통극에서 싸우는 장면이 없고 노래, 동작, 표정을 위주로 하는 극
7. **한**(漢, B.C. 206~A.D. 220): 진(秦)의 뒤를 잇는 중국의 통일 왕조. 초대 황제는 고조(高祖) 유방(劉邦)이며 장안(長安)을 수도로 번영하였다. 왕망(王莽)이 세운 신(新, 8~22)나라로 인해 잠시 단절되어, 그 이전에 장안을 수도로 하였던 한을 전한(前漢), 낙양(洛陽)에 재건된 한을 후한(後漢)이라고 한다.
8. **당**(唐, 618~907): 수(隋)나라에 이은 중국의 통일 왕조. 290년간 중국을 다스리며 문화와 경제를 절정으로 끌어올렸으며 한국, 일본 등 아시아는 물론 유럽의 정치, 경제, 문화에도 큰 영향을 끼쳤다.
9. **설창**(說唱): 운문과 산문으로 꾸며져 있는 민간 문예
10. **북송**(北宋, 960~1127): 조광윤(趙匡胤)이 오대 최후의 왕조 후주에게서 선양을 받아 개봉(開封)을 도읍으로 세운 나라이다. 국호는 송이었으나, 금나라에 의해 개봉에서 쫓겨나 남하한 뒤에는 남송과 구별하여 북송이라 불리었다. 남송과 더불어 송, 송조(宋朝)라고 한다.
11. **변량**(汴梁): 지금의 개봉시
12. **삼국영희**(三國影戲): 삼국지를 그림자인형극으로 연출한 것
13. **전기**(傳奇): 당대의 단편소설
14. **화본**(話本): 송대에 생긴 백화 소설
15. **명**(明, 1368~1644): 몽골족이 세운 원(元)나라를 무너뜨리고 들어선 한족 왕조. 초대 황제는 평민 출신의 주원장(朱元璋)이었으며 약 280년간 지속되었다.
16. **청**(淸, 1616~1911): 명(明)나라 이후 만주족 누르하치가 세운 정복왕조. 중국 최후의 통일왕조로 1911년 신해혁명으로 멸망한다.
17. **요**(遼, 816~1125): 지금의 내몽고자치구를 중심으로 거란족이 세운 나라로 중국 북쪽을 지배한 왕조였다. 초대 황제는 야율아보기(耶律阿保磯)이며 938년에 지금의 북경에 두 번째 수도를 건립한 후 남쪽의 수도라는 뜻인 남경(南京)으로 불렀다.
18. **도부**(桃符): 정월에 복숭아나무로 켠 2장의 판자에 각각 신도(神荼)와 울률(郁壘) 두 문신을 그려 문짝에 붙여 악귀를 쫓던 부적
19. **겸공대사**(兼工帶寫): 중국화의 중요한 기법. 동양화의 밀화(密畵)와 사의(회화에서 사물의 형식보다도 그 내용, 정신에 치중하여 그리는 화법)의 장점을 한곳에 모은 효과적인 예술 기법이다. 중국의 고선 원림(園林) 예술에도 이런 '겸공대사' 기법이 잘 표현되어 있다.

◉ 중국사 연대표

B.C.

6000경	'신석기혁명'이라 불리는 신석기 문화 대거 출현
4500경	반파 유적에서 '채도(彩陶)' 출현
1600경	은(殷) 왕조 성립. 청동기 문화 흥성
1050경	주(周) 왕조 성립
770	낙양(洛陽)으로 천도. 춘추 시대 시작. 철기와 우경(牛耕) 출현
403	전국 시대 시작. 제자백가(諸子百家) 등장
221	진(秦)의 시황제(始皇帝) 최초로 중국 통일, 군현제 실시. 화폐와 도량형, 문자 통일
202	유방(劉邦) 한나라 건국
136	동중서(董仲舒)의 건의에 따라 오경박사(五經博士) 설치. 유학의 국교화
91	사마천(司馬遷), 『사기(史記)』 완성
2	불교 전래

A.D.

9	왕망(王莽), 신(新)황제라 칭함
25	광무제(光武帝) 후한을 건국. 이 무렵 참위설(讖緯設) 유행
105	채륜이 종이를 만듦
184	황건(黃巾)의 난 일어남
220	후한 멸망, 위(魏)나라 건국. 문제(文帝) 구품관 인법 제정
221	유비, 촉(蜀)을 건국
222	손권, 오(吳)를 건국. 위, 촉, 오의 삼국 정립(~265)
265	사마염(司馬炎), 위(魏)를 멸망시키고, 진(晉)을 건국(武帝)
439	북위 태무제(太武帝), 화북 지역을 통일(남북조 시대, ~589)
485	북위, 균전제(均田制)를 실시
581	양견(楊堅), 북주(北周)를 멸망시키고 수(隋)를 건국(文帝)
604	과거 제도 개시. 진사과(進士科, 606)
611	양제(煬帝) 고구려 원정, 이후 2차(613) 원정도 실패. 각지에서 반란 발생
618	양제 살해되고 이연(李淵)이 제위에 오름(高祖), 당(唐)의 건국
626	현무문(玄武門)의 변, 이세민이 형, 동생을 살해하고 즉위(太宗)
645	현장, 인도에서 인도 경전을 가지고 귀국(629년 출발)
690	측천무후(則天武后), 예종(睿宗)을 폐위하고 국호를 주(周)로 고침
705	중종(中宗)이 복위, 국호를 당으로 회복. 측천무후 사망(623~)
713	육조(六祖) 혜능(慧能) 사망. 이 무렵 선종(禪宗)이 융성
755	안사(安史)의 난(~763)
875	왕선지(王仙芝)의 난 발발, 황소(黃巢)가 호응하여 황소의 난(~884)
907	주전충(朱全忠), 당을 무너뜨리고 후량(後梁)을 건국. 오대십국(五代十國) 시작
960	조광윤(趙匡胤), 즉위하여 송(宋)을 건국(太祖). 송(宋), 중국 통일
1069	왕안석(王安石)의 신법(新法) 실시 균수법, 청묘법을 실시
1084	사마광(司馬光), 『자치통감(資治通鑑)』 완성
1115	여진(女眞)의 아구타가 즉위하여 국호를 금(金)이라 칭함(金太祖)
1127	송의 휘종, 흠종이 체포되고 북송 멸망, 정강(靖康)의 변. 송의 남천

1206	테무진, 몽골을 통일하고 칭기즈칸이라 칭함
1234	금, 몽골과 남송의 군대에 공격받아 멸망
1279	송 멸망, 원(元) 중국 통일
1315	원, 과거를 재개하고 주자학을 관학(官學)으로 채용
1368	주원장(太祖)이 명을 건국(洪武帝). 원의 순제(順帝), 대도(大都)를 탈출
1399	정난(靖難)의 변(~1402). 연왕(燕王) 북경(北京)에서 거병
1402	연왕 남경을 공략해 즉위(永樂帝)
1431	정화, 제7차 남해 원정(1433년 귀국)
1601	마테오리치, 북경에 들어와 가톨릭 포교 개시
1616	누르하치, 후금(後金)을 건국
1636	후금, 국호를 청(淸)으로 바꿈
1644	이자성, 북경을 점령하고 명을 멸망시킴. 청, 오삼계와 손잡고 이자성군 격파
1661	순치제 사망. 강희제(康熙帝) 즉위
1673	오삼계, 운남에서 거병. 삼번(三藩)의 난 발생
1683	대만 평정, 정씨 세력 소멸
1722	강희제 사망. 옹정제(雍正帝) 즉위
1723	천주교 전면 금지. 고증학(考證學) 융성
1735	옹정제 사망. 건륭제(乾隆帝) 즉위.
1796	건륭제 퇴위. 가경제(嘉慶帝) 즉위. 백련교(白蓮敎)의 난 발생
1840	아편전쟁(~42)
1851	태평천국운동(太平天國運動, ~64)
1865	양무운동(洋務運動) 개시
1894	청일전쟁 발발. 11월, 손문(孫文)이 하와이에서 흥중회(興中會) 결성
1898	무술변법(戊戌變法). 캉유웨이 등 일본 망명
1899	의화단 사건 발발
1911	무한에서 신군(新軍)이 봉기해 신해혁명(辛亥革命)으로 발전
1919	5·4운동 발발
1921	중국공산당 결성
1931	9월, 9·18 만주사변 발생
1937	중일전쟁 시작. 9월, 제2차 국공합작, 11월 일본군 남경대학살
1949	10월 1일, 중화인민공화국 성립 선언. 12월, 장개석, 대만으로 이주
1958	대약진운동 개시, 전국에 인민공사 설립, 향후 3년간 2천만 명이 아사함
1966	프롤레타리아 문화대혁명(~76)
1978	등소평(鄧小平), 실용주의 노선 채택하며 개혁 개방 실시
1989	6월 4일, 천안문 사건 발생. 민주화운동 탄압
1992	1월 등소평이 화남의 경제 특구와 상해 등을 시찰. 〈남순강화(南巡講話)〉가 공표되어 시장 경제 가속화. 8월 24일 한중 수교
1997	1월 17일, 등소평 사망. 7월 1일 홍콩 반환
2003	강택민의 뒤를 이어 후진타오(胡錦濤)가 중화인민공화국 주석에 취임

중국문화 18 민간미술

초판 1쇄 인쇄 2008년 10월 20일
초판 1쇄 발행 2008년 10월 25일
지은이 진즈린
옮긴이 이영미
펴낸이 김호석
펴낸곳 도서출판 대가
등록 제 311-47호
주소 서울시 마포구 상수동 6-1 대한실업빌딩 301호
전화 (02) 305-0210/306-0210
팩스 (02) 305-0224
전자우편 dga1023@hanmail.net
홈페이지 www.bookdaega.com
디자인 · 편집 f205
교정교열 김지희
인쇄 서강총업
용지 큐페이퍼
제본 다인바인텍

가격 16,000원

ISBN 978-89-90999-97-9 04910
ISBN 978-89-90999-79-5 04910(세트)

이 도서의 국립중앙박물관 출판시도서목록(CIP)은
e-CIP(http://www.nl.go.kr/cip.php)에서
이용하실 수 있습니다.
(CIP제어번호: CIP2008003022)